ついやってしまう思考の落とし穴15

脱！残念な考え方

幸本陽平

自由国民社

はじめに

新型コロナウィルスが世界に広がり始めた２０２０年の冬から春にかけて、次のような噂が一部に広まったことをあなたはご存じでしょうか。

・コロナウィルスによる感染は熱湯を飲めば防げる。
・武漢からの旅行者が関西国際空港での検査で高熱だったにも関わらず逃走した。
・深呼吸して10秒息を止めることができれば感染していない。

これらはいずれも「偽」の情報です。特に最後の深呼吸については、２０２０年4月10日に愛知県警が広報課の公式ツイッターで「深く息を吸って10秒我慢し、咳《せき》や息切れがなければ感染の可能性は低い」といった趣旨の投稿をしたことが問題になり、その後に謝罪文を掲載しました。

これら偽の情報を安易に信じてしまうことは、本書の「残念な考え方」のひとつです。

本書で紹介する「残念な考え方」とは、単に噂を信じやすい人を指すのではありません。また、結果だけを見て「ほら間違いじゃないか」と揶揄することでもありません。思考が「つながっていない」「浅い」「狭い」ために不十分な考え方をしてしまい、誤った結論に達してしまうこと、そのような思考プロセスを「残念な考え方」と本書では呼んでいます。

同じニュースや情報を目にして、論理的な思考ができる人がいます。一方で、「残念な考え方」をしてしまう人もいます。この残念な考え方に気付いて改善し、論理的な思考に変わることができれば、あなたの人生も大きく変わります。

あなたの意見や提案に鋭さが加わり、評価は上がっていきます。

業績の向上や組織の円滑な運営にも貢献できるでしょう。残念な考え方を脱することは、あなたの人生を前向きにしてくれます。

「残念な考え方」の要注意な点は「一見、それなりにきちんと考えているように見える」ところです。

明らかに支離滅裂な意見や突拍子もない考えであれば、どんな人でも「それはおかしいよ」と気付くことができます。

しかし残念な考え方は「確かにそうなのかも」「間違いではないかな」「そういうこともあるのかも」と思わず同意してしまいそうになるところに潜んでいます。


冒頭の噂も、新型コロナウィルスという未知のウィルスに対して不安になっている気持ちにふっと入り込む情報ばかりです。

「熱湯消毒があるくらいだからウィルスは熱に弱いのだろう」「中国人の中にはそういう行動をする人がいるのかも」「呼吸器に作用するから深呼吸で感染がわかるんだな」などと、もっともらしい納得できる理由があるように感じてしまいます。

しかしこのような「もっともらしい」「納得できる」ことこそ要注意です。人は自分の考えに合致した情報ばかり集めてしまうものです。

もっともらしい、納得できる理由を発見すると「やっぱりそうだったんだ！」とそれ以外の可能性を考えることなく思考を止めてしまいがちです。


ここで結論を急がずに立ち止まって「つながり」が正確か、「深い」「広い」思考がされているか検証すること、それが「残念な考え方」を脱するためには重要です。とはいえ残念な考え方は明らかにわかっているミスや落ち度のようなものではなく、思考の「クセ」のようなものです。

自分では意識しないけどついやってしまう、そう考えるのが習慣になってしまっている、そんな考え方のうち、好ましくないものや避けるべきものこそが「残念な考え方」なのです。

「無くて七癖」と言うように、思考のクセは自分ではなかなか気づきにくいものです。なぜなら爪を噛む、髪の毛を触るといったクセであれば、他人から指摘を受けるなどして本人も気づくことができます。

しかし思考のクセは外からは見ることができず、本人も意識していないので、なかなか気づくことができません。そのため自分の思考にクセがある、すなわち「残念な考え方」に陥っていることには気づきにくいものです。

クセは無意識に当然のこととして行っているので、「あなたの思考はこんなクセがあります、直しましょう」と言われてもなかなか直せません。右利きの人に左手で箸を使え、と言っているようなものだからです。

実際にロジカルシンキングの研修でも、私の解説や例題にはみなさんうんうんとうなずいているのに、いざ課題をやってもらうとできなくなり、今までと同じ考え方に戻ってしまう……そんな場面が数多くありました。

「残念な考え方ではないロジカルな思考とはコレです」と解説する文章を読むだけでは、その場ではわかったつもりでも仕事の現場では元に戻ってしまい役に立たない、なんて現象が起こりがちです。

「ロジカルシンキングの本を読んでなんとなくわかったような気はするけれど、どう生かせばいいかわからない」と悩む読者も多いのではないでしょうか。

そこで本書ではロジカルな考え方を学ぶにあたり、「これをしてはいけない」、すなわち誤ったやり方＝「残念な考え方」を起点として紹介しています。

ロジカルシンキング研修を行うと、多くの受講者が陥ってしまいがちな不適切な思考パターンがあります。

その不適切な思考パターン＝残念な考え方に気付き、それを避けることがロジカルな思考を習得するための第一歩となるからです。

残念な考え方の詳細に入る前に、私の自己紹介をさせてください。

私は㈱東風社の代表取締役、幸本陽平と申します。

弊社はマーケティングとプレゼンテーション、そしてロジカルシンキングを中心とした研修やコンサルティングなどをご提供しています。

これまで10年強で３００社１０００人以上を支援してきました。私自身はこれまで外資系など百貨店向け高級化粧品のマーケティングを経験し、２０１０年に独立し今の会社を立ち上げました。

会社員のころは、今思うと私自身が「残念な考え方」に陥っており、上司や関係者にうまく説明できなかったり、浅くて狭い思考ゆえに失敗したりと、そんな経験が数多くありました。

独立後も残念な考え方をしてしまい、クライアントが求めることを勘違いするなど、今だったら避けられた失敗を数多くしてきました。

本書は私のこのような経験や想い、そして私がこれまで研修やコンサルティングを提供してきた受講者の回答など、様々な実例を紹介することで、読者のあなたの力になるように構成しました。

かつて失敗だらけだった私や研修受講者でも残念な考え方を卒業し、ロジカルな思考を身につけることができました。

あなたも本書を読み、実践に移すことで必ず残念な考え方を脱して「つながる・深い・広い」思考ができるようになります。

本書では「残念な考え方」およびそれに対してどう考えればよいかを15パターン紹介しています。「あっ、これ私もついついやっちゃう」「えっ、これのどこが残念なの？」と、今のあなたにもあてはまる思考パターンがあるはずです。

しかしそこでガッカリする必要はありません。自分の残念な考え方、無くて七癖に気付けたわけですから、これはチャンスです。あなたの伸びしろが発見できたのです。あとはどう考えればよいかを本書で学び、羽ばたくだけです。

この本を読み終えるころ、あなたは残念な考え方に気付き、そこから卒業しています。

それでは一緒に、残念な考え方を見ていきましょう！

目次

序章

ロジカルであるための三つの条件

残念な考え方から
脱却しよう！

この本を手に取って読み進めているあなたは、ロジカルな思考ができるようになりたい、少なくとも残念な考え方に気づいて脱したい、そう思っているはずです。

では、残念な考え方をしてしまうのはどうしてなのでしょうか。

そこから脱するにはどうすればよいのでしょうか。

ロジカルな思考について、過度に心配する必要はありません。

日本人の多くはロジカルな思考を苦手としています。

その原因の一つとして、日本語はあいまいで非ロジカルな表現が多く使われることが挙げられます。

また、文化的にも言い切ることを好まず、ロジカルな情報伝達よりも「あうんの呼吸」で済ませようとする風潮が根強くあります。

そういった非ロジカルな表現や伝え方を日ごろから行っているため、日本人にはロジカルな思考を苦手とする人が多いのです。

さて、先ほどの文章を読んで、違和感を覚えなかったでしょうか。

なんとなく引っかかりを感じた人はロジカルな思考の素地がある人です。

一方、さらりと読み流した人も大丈夫です。これからロジカルな思考を伸ばす余地が大いにある人です。


まず「日本人の多くはロジカルな思考を苦手としています。」この一文に引っかかりを覚えなかったでしょうか。具体的には次のようにです。

- 「多く」ってどれくらい？　どうやって調べたの？　ロジカルな思考力について具体的に調査したデータがあるの？
- 外国の人は、ロジカル思考を苦手としていないの？　日本人だけが特に苦手なの？　日本と外国の比較データがあるの？
- そもそも「ロジカル思考が苦手」とは、どのような状態を指しているの？　ロジカルかどうかをどのような基準で判断しているの？

「日本語はあいまいで非ロジカルな表現が多い」「文化的にもあうんの呼吸で済ませる」についても、

・あいまいで非ロジカルな表現、って具体的に何？
・日本語をあらゆる外国語と比較したの？　外国語はあいまいで非ロジカルな表現が少ないの？
・「あうんの呼吸」はロジカルであることと正反対なの？　あうんの呼吸とロジカルな思考は両立しないの？
・「言い切ることを好まない」「あうんの呼吸で済ませる」は、ただの筆者の推測に過ぎないのでは？

「日本人はロジカルな思考が苦手、なぜならば言語や文化が非ロジカルに出来ているからだ」この主張は、一見それらしく見えます。

しかしその主張の根拠は、「私はそう思うから」でしかありません。これではロジカルな主張であるとは言えません。

非ロジカル＝残念な考え方は、このように「ツッコミどころの余地が多い」と言えます。本当にそう？　証拠はある？　あなたの感想では？　ただの偶然では？　極端な例外では？　他の意見より妥当なの？　など、ツッコミが容易に頭に思い浮かぶようでは、それは「残念な考え方」です。

反対にロジカルな文章は、ツッコミどころの余地が少ないと言えます（ただし、その逆向きの「ツッコミどころの余地が少ない文章は、ロジカルだ」とは限りません。たとえば「私はラーメンが好きだ」は単なる個人の感想なのでツッコミどころはありませんが、ロジカルさは特に感じないはずです）。

「ツッコミどころの余地が少ない」の条件の他に、ロジカルな思考に必要な条件とは、どのようなものでしょうか。

これを理解していなければ、ロジカルな思考を習得することはままなりません。

「んー、よくわかんないけど、なんとなく、しっかりした考え方のことかな」……このようなあいまいな解釈では、ロジカルな思考が理解できているとは言えません（ちなみにこれは残念な考え方6「抽象的な言葉を使ってしまう」です）。

かといって辞書的な意味を覚えただけでは、それを「使える」ようになりません。「使える」ことを意識した上で、ロジカルな思考とは何かを理解していきましょう。

本書ではロジカルな思考について、大きく分けて次の３つの要素を満たした考え方であると定義します。

定義 1

つながっている

あなたは次の文章を読んでどう思うでしょうか。

「天気予報では午後から雨が降ると言っている。だから、傘は持っていかない」

おそらくこの文章を不自然に感じ、理解に苦しむはずです。

「午後から雨」と「だから、傘は持っていかない」が明らかに反対で、つながっていないからです。

では、次の文章はどうでしょう。

「天気予報では午後から雨が降ると言っている。しかし、会社に折りたたみ傘を置いている。だから、傘は持っていかない」

これなら自然で違和感のない文章になりました。

「会社に折りたたみ傘を置いている」の一文が入ったことで、その前後の文章と「つながった」からです。

ロジカルであるための条件の一つは「つながっている」ことです。

「ＡだからＢ」であるとき、そのＡとＢに不自然さや間違い、すなわちツッコミどころがなく自然につながっていれば、その考え方はロジカルです。

反対に「つながっていない」とき、それはロジカルではありません。
次の親子の会話で考えてみましょう。

子　ねぇねぇ、新作のゲーム買ってよ！

親　ダメ。

子　みんな持ってるんだよ！　だから買ってよ！

この子供の反論は、ロジカルでしょうか。

子供の意見は、次のような根拠に基づいています。
「ゲームを買うべきである。なぜなら、みんな持っているからだ」

これは次のように「AだからB」に書き換えることもできます。

「このゲームはみんな持っている。だから、買うべきだ」

これだけでは、ロジカルとは言えないでしょう。

「みんな持っている」ことが「買うべき」理由になるのならばロジカルですが、「みんな持っている」だけでは買うべき理由としては弱い、とあなたも感じるはずです。

これに対しては次のような親からの反論が考えられます。（実際にこう言って子供が納得するかはわかりませんが……）

「他の家とは家計の状況が違う」（残念な考え方3「誤った原因に飛びついてしまう」を指摘）

「みんなとはどのような母集団の誰を指すのか、具体的に所有率は何%か」（残念な考え方12「一部のデータだけ見てしまう」を指摘）

「反対に、みんなが持っていないけれどあなただけ持っているものもあるのでは」（残念な考え方13「比較対象が無く単独で見てしまう」を指摘）

では、子供が次のようにおねだりしたらどうでしょう。

子

このゲームソフトは通信対戦機能がとても面白くて、友達と同じソフトを持つとその機能が使えるようになるんだ！　だからみんなと同じソフトを持っているととても楽しく遊べるんだ！

これで親が買ってあげるかどうかはともかく、先ほどよりは少し説得力が増したように思えませんか。

「みんな持っている」だけでは、親にとってはそれが買う理由にはつながらない、つまりロジカルな考え方にはなっていませんでした。

しかし「みんなが持っているソフトと同じソフトを買うことで、通信対戦を楽しめる」この理由であれば、「みんな持っている」ことは理由としてつながりが強くなります。

つまり、よりロジカルに近づいたと言えます。

このように「なるほど、それはそうだな」と納得感が強ければ、それはロジカルである度合いが高いと言えます。

それに対して「みんなとは誰か？」「本当にみんなが持っているのか？」「みんなが持っているからって我が家が買う理由にはならないのでは？」などと反論＝ツッコミどころが多く浮かぶようでは、それはロジカルではなく、「残念な考え方」です。

とはいえ、「ロジカルとは、つながっていて、それはそうだと納得感が強いこと」この定義だけでは、まだ感覚的であいまいです。

「AならばB」とつながっていると主張したいとき、AとBがどんな関係であれば「つながっている」と言えるのでしょうか。

納得感を得られてツッコミどころを感じさせないためには、どんなAとBであればよいのでしょうか。いくら「つながっている」と主張しても、あなた以外の人が「そうは感じない」と思ってしまっては、いくら主張してものれんに腕押しです。

「つながっている」ためには次のどちらかに当てはまらなければなりません。

それが「演繹」と「帰納」です。

◎演繹とは

演繹とは「入れ子形式でつながる」ことです。

(例)
太郎君は人間である。
人間は哺乳類である。
よって、太郎君は哺乳類である。

このように、「AならばB、BならばC、このときAならばC」のつながりを導くことを演繹といいます。

そしてこのようにつながりを証明することを演繹法といいます。

※辞書的・学術的な本来の意味での「演繹」と厳密には異なりますが、ロジカルシンキングを学ぶ上での本書における解釈であることをご理解ください。

このとき、つながりのあるＡ、Ｂ、Ｃは多くの場合、入れ子形式となっています。

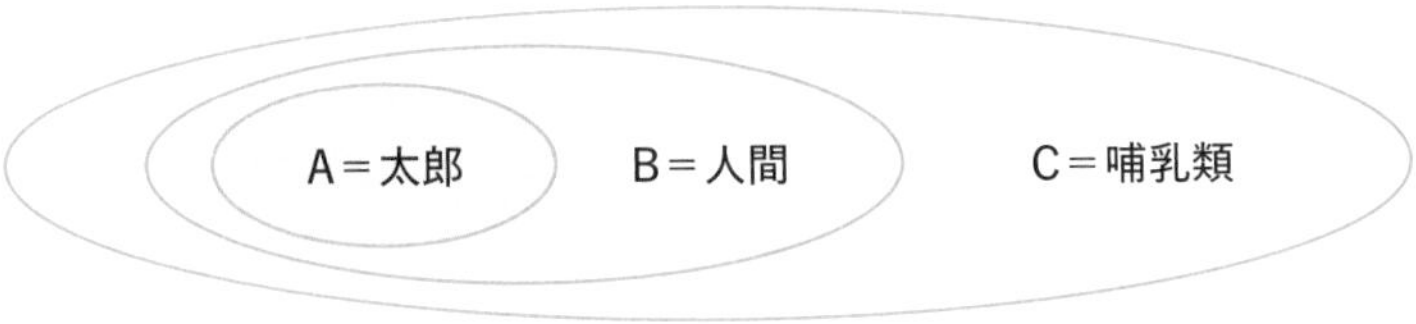

そのため、A＝太郎君ではなく、別の人物である次郎君や花子さんであっても、B＝人間に含まれてさえいれば、それは必ずC＝哺乳類（の一部）であると結論づけられます。

演繹法を意識しなくても、自然とこのような思考をしているはずです。たとえば「彼は豚肉が食べられないよ、イスラム教徒だから」と言うとき、

彼はイスラム教徒である。
イスラム教徒は豚肉が食べられない。
よって、彼は豚肉が食べられない。

これを短縮し、無意識に思考を処理しています。
それぞれA→B、B→Cの矢印に間違いがなく、不自然でなければ、自動的にA→Cが成り立つからです。

ただし演繹法が示すロジカルさとは、「A→B、B→Cの矢印に間違いがなく、不自然でないとき、A→Cが成り立つ」ことを示しているに過ぎません。

前提となるAやBそのものが間違っている場合、「演繹法として正しくロジカルではあるが、結論は間違っている」ことになりかねません。

たとえば冒頭の例で前提の一つが「人間は爬虫類である」だったらどうでしょう。

人間は爬虫類ではありませんから、この前提条件は科学的には明らかに誤りです。

このとき、演繹で思考をつなげると「太郎くんは爬虫類である」が結論となります。

これは科学的知識から誤りとわかりますが、論理としては正しいつながりです。演繹は、前提が間違っていると「論理のつながりとしては正しいが、導かれた結果は誤り」になってしまいます。

演繹＝入れ子形式でつながることはロジカルなつながりのひとつですが、前提が間違っていたら結果も間違ってしまうことに注意してください。

◎帰納とは

帰納とは「多数があてはまってつながる」ことです。


（例）

ライオンAは肉を食べる。

ライオンBは肉を食べる。

ライオンCは肉を食べる。

ということは、すべてのライオンは肉を食べるだろう。


このように多くの個別の事例から一般的・普遍的な法則を導くことを帰納と言います。

そしてこのようにつながりを証明することを帰納法といいます。

※ちなみに数学の授業で学ぶ「数学的帰納法」は、帰納ではなく演繹の考え方です。間違いやすいので注意してください。

帰納も演繹と同じく、あなたは意識しなくてもこのような思考をしているはずです。

たとえば「関西人の知り合いは全員、そばよりうどんが好きだ。だから、関西人はうどんが好きなのではないか」などと自然に考えます。

「夕焼けが明るくきれいに見えると、翌日の天気は晴れ」のような自然現象に関する

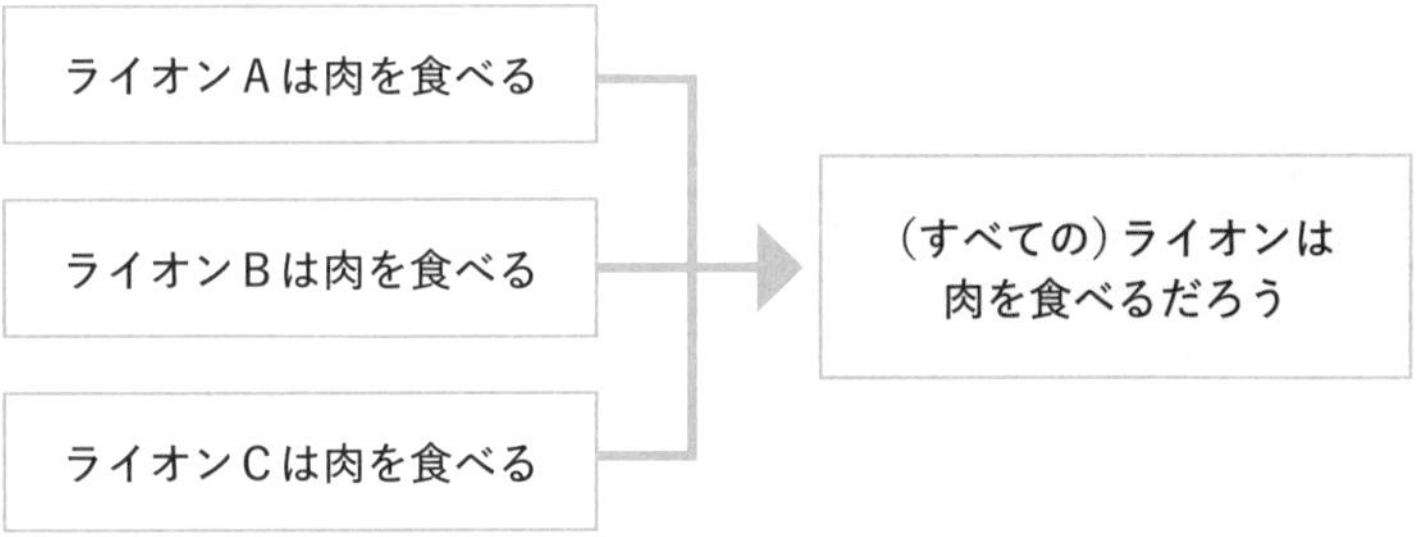

言い伝えも同様です。

おそらく「自分の経験でも祖先の経験でも、夕焼けがきれいな日の翌日は晴れることが多いなあ」と感じ、それらの経験から帰納で導かれたのでしょう。

ただし帰納も演繹と同じく、弱点があります。

それは「例外があるかもしれない」点です。

ライオンの例では、もしかしたら肉を食べないライオンが発見されるかもしれません。

また、うどんよりそばが好きな関西人もいることでしょう。

帰納「だけ」では、あくまでも対象とするサンプルの中で確率的にそうである傾向が高いとしか言えず、絶対につながっているとまでは言い切れません。

演繹では、前提が正しければ必ず結論も正しくなります。

自然科学の法則で「1気圧では、水は100度で沸騰する」があります。

水は、この条件を満たせば「たまたま」や「例外」で80度なのに沸騰することはありません。必ず１００度で沸騰します。

一方、**帰納はあくまでも傾向であり、必ず一般化できるわけではありません。**帰納で一般化した場合、残念な考え方11「思考に抜け漏れや重複が発生してしまう」に当てはまっていないか、気をつけましょう。

私が家族とある東南アジアの国に旅行をした際、妻がスマホをスリに盗まれてしまいました。

その一件だけで「この国は治安が悪い」と結論づけてよいでしょうか。

この結論を導くために用いた事例は私の家族の事件、そのわずか一件のみであり、これだけで国全体の治安が良い・悪いを結論づけることはできません。

本当にそう結論づけるためには犯罪などの統計を調べなければなりませんし、仮に窃盗が日本より多いのが事実だとしても、別のデータでは殺人などの凶悪犯罪は少ないとわかるかもしれません。

帰納を用いる際は、常に「一部だけを見ていないか」と疑う姿勢が大切です。

論理的であることの一つ目の定義は「つながっている」、そしてそのつながり方には「演繹」と「帰納」があることを覚えておいてください。

定義 2
深く考えている

思考が浅くとどまり、深く考えられていないと、それはロジカルとは言えない残念な考え方です。

では、「深く考える」にはどうすればよいのでしょうか。
反対の「浅く考える」とはどのような思考を指すのでしょうか。

次の例で考えてください。

あなたは入社初日、上司にこう言われました。


「ウチの会社は昼休みの前に自分のデスクの周囲の掃除をすることになっているんだ。君もきれいにしておいてね」


これであなたは上司の考えている通りに掃除をすることができるでしょうか。

おそらく難しいのではないかと思います。

入社初日のあなたは「自分のデスクの周囲」ってどこからどこまで？

「きれいにする」とは具体的にどういうこと？

と思うのではないでしょうか。

もしくは、そういった疑問すら持たず、自分なりの「周囲」を「きれいに」することでしょう。結果として上司の想像とは全く異なってしまい、「君、デスクの周囲をきれいにしていないじゃないか！　まったく初日から……」と怒られてしまうかもしれません。

このように抽象的な言葉を使うのは浅い思考の代表的なケースです（残念な考え方6「抽象的な言葉を使ってしまう」）。

この場合、上司は「あなたのデスク範囲はここからここまでだよ」「きれいにする、とは、机の上に何も置いていない状態にすることだよ」など、解釈の行き違いが起きないよう具体的な指示をしたり、実際に掃除の見本を見せて「このようにやってみて」と指導したりと、お互いが抜け・漏れなくわかるよう言葉や行動で示すべきです。

抽象的な言葉を使う理由の一つに、ロジカルかどうか以前の問題として「自信がない」が挙げられます。

抽象的の反対、つまり具体的に言う場合は、「言い切る」必要があります。

あなたが家電量販店の販売員で、テレビの売上がかんばしくないから売上アップの策を考えろ、と指示されたとします。

このとき、自信がない人は「キャンペーンをやってはどうか」など、抽象的な案で終わってしまいます。

なぜなら「キャンペーンをする」のような抽象的な内容では誰も批判しようがなく、

あなたは誰にも否定されないからです。

ここで「壁掛け器具とセットで買って5千円引きのキャンペーンがよいのでは、なぜなら……」と具体的に言う自信があるでしょうか。

このように具体的だと、「値引きで利益が減るのでは」「壁掛け器具よりスピーカーの方がよいのでは」「期間はいつまで行うのか」などの質問や批判を受けることになります。

ロジカルに考えて具体的になると、このような質問や批判にも答える義務が生じます。

だから人はロジカルではなく、あいまいで抽象的な言葉を使ってしまうのです。

ロジカルであるためには抽象的な言葉で逃げるのではなく、自信を持って具体的に言い切らなければなりません。

深く考えていないと、思考の結果は次のようにあいまいなものになります。

・売上アップ策を聞かれているのに「みんなでがんばろう」と抽象的になってしまい具体的な行動に移せない（残念な考え方7「意識の問題にしてしまう」）

・10年前にたまたま一度だけ成功したキャンペーンをそのまま繰り返そうとする（残念な考え方8「わずかな経験を重視しすぎてしまう」）

浅い考えだと、それは結局どうやるの？　どうしてそれがいいと思うの？　とツッコミの余地を残してしまいます。

逆にあなたが上司の立場で、部下が「がんばります」しか言わなかったら不安になるのではないでしょうか。

ただ「がんばります」だけでは何をどのようにがんばるかがわからず、きちんと成果を残すか心配で仕方がないはずです。

他にも深さが足りない、浅い考えとは次のようなものです。

・「お客様に心を込めて接客しましょう」のように一般的に良いことで終わっている（残念な考え方9「一般論や多数派に流されてしまう」）
・「これからはネット配信の映画を大画面で見る人が増えて、大型テレビが今よりも売れるはず」のように不確実な願望に期待しすぎる（残念な考え方10「現実と願望を混同してしまう」）

いずれも「具体的には？」「本当にそう？」などのツッコミの余地があるのが、浅い残念な考え方の特徴です。

特にあいまいな表現や聞こえの良い一般論に慣れてしまっている人は、注意しましょう。ロジカルであるためには深く考えなければならず、それは結果的に必ず具体的になりますし、一般論ではない個別論になります。

残念な考え方に陥らないためには、質問されたり否定されたりすることを過度に恐れず、「言い切る」ことを習慣にしましょう。

定義 3
広く考えている

思考の範囲が狭く、広く考えていないと、これもまたロジカルではない残念な考え方になってしまいます。

では、こちらも同様に、「広く考える」にはどうすればよいのでしょうか。

反対の「狭く考える」とはどのような考え方を指すのでしょうか。

次のケースで考えてみてください。

あなたの会社は工場で製品を生産しています。

最近、出荷した製品に不良品が相次ぎ、クレームや返品が多発しています。

あなたの会社がこれ以上不良品を出荷しないようにするにはどのように対処すべきでしょうか。

もちろん標準的な回答は「不良が発生する原因箇所を突き止め、二度と不良が発生しないように機械を修理したり取り替えたりする」でしょう。

これはこれで間違いではないのですが、あなたが取りうる選択肢は本当にこれだけでしょうか。

急ぎの案件であれば不良の原因を突き止めるよりも「検品をより強化し、出荷時に不良品を取り除いて良品のみを出荷する」ほうが状況としては適している可能性があります。

また、場合によっては「他社に生産を委託する」「他社の製造品を仕入れる」などが短期的には有効かもしれません。

「不良品がある→不良品を作らないようにしなければ」のみの発想で留まっていると、それは思考の幅が狭く、ロジカルであるとは言えません。

このように「抜け漏れ」があるのは、非ロジカルな狭い思考の代表です（残念な考え方11「思考に抜け漏れや重複が発生してしまう」）。

「本当にそれだけ？」「他にもっとあるんじゃない？」とツッコミが入るときは、思考が狭く、ロジカルであるとは言えません。

ロジカルであるためには「モレなく、ダブりなく」が基本です。

ある自治体が、青少年のゲームの時間を制限する条例を検討しているとして話題になりました。

私の子供が学校から持ち帰ったプリントにも「ゲームをやりすぎないようにしましょう」と書いてありました。

そこに書いてあったのは「ゲームを長時間する子供は、ゲームをしない子供や短時間だけしている子供に比べ、成績や睡眠時間に問題がある。だからゲームの時間を減らしましょう」と一見もっともらしい内容でした。

では本当にゲームは子供の発育に悪影響なのでしょうか。

そのプリントをよく読むと、ゲームが子供の発育に悪い根拠は「ゲームを1日3時間以上遊ぶ子供」と「ゲームを1日30分未満遊ぶ子供」の比較でした。

小学生の生活状況において、平日の3時間は相当な長さです。

我が家の子供を例に出すと、学童施設から帰るのが夕方5時過ぎ、寝るのが9時半ごろ。

そのため家で過ごす時間は実質4時間ほどです。3時間ということは、そこから食事や入浴などの時間を差し引いたほぼすべての時間をゲームに費やさなければなりません。

これではゲームでなくても、スポーツや将棋などのような趣味であってもやりすぎであり、成績や睡眠に支障が出るのは当然です。

ゲームが悪いのではなく、「どんなものでものめり込みすぎは悪い」ことの証明の一部にしかなりません。

このように「ゲームは子供の発育に悪い（はず）」とみなす結論ありきで、一部の要素だけを見るのは残念な考え方です（残念な考え方12「一部のデータだけ見てしまう」）。

私たちは自分に都合のいい結論を導くために、都合のいいデータを重視し、都合の悪いデータを故意あるいは無意識に軽視する傾向があります。

プロ野球の開幕前、自分のひいきの球団の良いニュースは目につきやすく、「今年はいいニュースばかりだ、優勝だ！」と思ってしまいます。

反対に選手の怪我など悪いニュースは「でも他の選手がカバーするはずだ」と楽観的にとらえがちです。

ロジカルな思考の練習を繰り返しても、「良いニュースは重視し、悪いニュースは軽視する」のは人間の脳のクセのようなもので、なかなか脱却できません。

ロジカルに考えるためには、一部の要素＝都合の良い面だけを見ていないか？　と、常に注意する必要があります。

他にも広さが足りない、狭い考えの例としては、次が挙げられます。

・複数案あるはずが、一つの案だけを取り上げて他と比較しない（残念な考え方13「比較対象が無く単独で見てしまう」）
・様々な案のメリット・デメリットを比較せず、全部を盛り込んだり、折衷案や全体の平均を採用してしまう（残念な考え方14「合計や平均が正しいと思い込んでしまう」）
・「原因は影の仕掛け人だ、陰謀だ」のように調べようのないブラックボックスに入れてしまい思考を放棄する（残念な考え方15「思考を止めてしまう」）

「抜け漏れがない？」「全体の一部だけ見ていない？」などとツッコミの余地があるのが、狭い考えの特徴です。

特にすぐに結論「らしきもの」に飛びついてしまう人は注意しましょう。

人間の脳は、なるべく「省エネ」するようにできています。

広く考えるよりも、これかな？　と思えるものに飛びついてしまうほうがラクだからです。しかし、そのように安易に思いついたアイデアは、たいていロジカルではなく、見落としがあるものです。

狭い思考の範囲の中で、安易に結論づけをしてしまわないよう注意しましょう。

第1章

残念な考え方

つながっていない

ここからは、ある化粧品会社を舞台に「残念な考え方」について学んでみましょう。

舞台となるロジカール化粧品は老舗の化粧品会社で、低価格のトレンドコスメから高価格の高級ブランドコスメまで、幅広い化粧品ブランドを扱っています。

販売店もデパートやドラッグストア、ネット通販などさまざまです。

登場人物はそのロジカール化粧品に勤務する二人です。二人の会話から、残念な考え方の15パターンを学んでいきます。

論田 理子

ロジカール化粧品の部長。
直木さんの上司。
ロジカル思考が得意。

直木 感一

ロジカール化粧品の新入社員。
論田部長の部下。
ロジカル思考が苦手。

二人の会話のうち、直木さんの発言には「ついやってしまいがちな残念な考え方＝非ロジカル思考」が隠されています。

あなたは二人の会話から、直木さんの意見のどこが「非ロジカル」か、そしてどうすれば直木さんの「非ロジカル」な意見を「ロジカル」にできるかを考えてみてください。

残念な
考え方
1

反対向きにつなげてしまう

直木

部長、おはようございます！　この雑誌、見ました？

論田

おはよう。あっ、それって今日発売のコスメ雑誌よね。

直木

ライバルのサカサマ化粧品のマスカラがまた特集されてますよ！　チョー売れてますよね～。

論田

そうみたいね。実際に売上データを見たら半年前から売上がぐんぐん伸びて、シェア1位になってる。ウチのマスカラの3倍も売れているわ。

直木　えーマジっすか、それかなりヤバいっすね。

論田　……直木さん、もう少し社会人らしい言葉遣いをしましょうね。

直木　あっ、スンマセン。それにしてもなんでそんなに売れてるんですかね？

論田　直木さんはどうしてだと思う？

直木　うーん、やっぱりCMの力じゃないすか？　ほら、今月から放送を始めたCM、人気タレントの片桐リサが「のびのびまつ毛、こんなの初めて！」ってやっててインパクトあるじゃないすか。なんだかんだ、CMの力は大きいと思うんすよ。ウチもインパクトのあるCMを流した方がいいんじゃないすか？

Q

直木さんの残念な考え方はどこでしょうか？
どうすればロジカル思考になるでしょうか？

原因と結果の関係を正しく理解することはロジカル思考の第一歩です。そこでやってしまいがちなミスは、原因と結果を取り違えることです。
原因と結果は矢印（↓）を使って考えると正しく簡単に理解できます。

①校則が多いと不良になるか

直木さんの言葉遣いはともかく、彼の推測「CMの力で売れた」は正しいのでしょうか。

確かにインターネットの利用時間が増加し、テレビ離れが進んでいると言われてはいますが、まだまだテレビの力は健在です。

実際にCMやテレビ番組がきっかけになってヒットする商品もあります。

直木さんの意見は「ロジカル」でしょうか。それとも「残念な考え方」でしょうか。ポイントは「因果関係」です。因果関係とは何かを以下の様々な事例から考えてみましょう。

もしあなたがこんな意見を聞いたらどう思うでしょうか。

「私の経験上、生徒が真面目で優秀な進学校ほど、校則が少ない。一方、生徒に不良が多く、学業もいま一つな学校ほど、校則が多い。校則が多いと生徒はそれに反発し、不良が増えるのではないだろうか。不良生徒を更生させ、成績を向上させるには、校則を少なくして自由にさせるべきだ」

そういう考え方もあるのかも……と一瞬思いかけますが、本当にそうでしょうか。
この人の言い分を簡単にまとめると「校則が多いと不良が増える」です。
これを次のように、矢印で表すことにします。

こうして見てみると、そんなことがあるのだろうか？　と思いますよね。真面目な生徒だったけれど、校則が多い学校に入学したら、それが原因で不良になってしまった！　なんてことは、まずなさそうです。

ですからこの人の「校則が多いと不良になる」は、直感的にロジカル思考ではなさそうだな、と思えます。

生徒と校則の関係について、一般的には次のように言うことができるでしょう。

・不真面目な生徒が多いと、その生徒たちが非行などに走らないよう、校則で厳しく縛ろうとする。
・真面目な生徒が多いと、その生徒たちは校則で縛る必要がないので、校則は少なくて済む。

つまり矢印の向きは次のようになると考えるのが妥当です。

不良が多い→校則が多い（校則を多くする）

最初の意見「校則が多いと不良が増える」は、両者の原因と結果の関係を誤って逆にとらえてしまっている、と考えるべきでしょう。

②因果関係は矢印が一方通行

このように原因Aが結果Bを引き起こしているとき、その両者は「因果関係」があると言います。因果関係は、このように矢印がA→Bと一方向のみに伸びているときに成り立ちます。

不良と校則の関係では、当初のつながりではその矢印が逆になってしまっています。そのため、因果関係を正しくとらえていません。

・原因Aが結果Bを引き起こしている
・逆向きにはならない
……因果関係

では、次の関係は因果関係でしょうか。

「気温が高いと、ビールがよく売れる」

気温とビールの売れ行き、この両者の関係はおそらく因果関係だと思われます。

気温が高い、すなわち暑いと汗をかき、ビールが飲みたくなるからです。

「気温の高さ」が原因となり、「ビールがよく売れる」結果を生み出している、因果関係と言ってよいでしょう（「おそらく」とつけているのは、ここでは気温以外のその他の要素が売れ行きに影響を与えている可能性もあるからです。詳しくは残念な考え方3「誤った原因に飛びついてしまう」を読んでください）。

では次の例で考えてみましょう。

「私の喉が痛いと、たいていそのときは鼻も詰まっている」

喉の痛みと鼻詰まりは因果関係でしょうか。

これはおそらく因果関係ではありません。

因果関係とは一方がもう一方を引き起こしていることを言います。

「喉が痛いから、鼻が詰まる」のではないし、「鼻が詰まるから、喉が痛い」わけでもありません。

おそらくこの人は、風邪や花粉症にかかるとその際に症状として喉の痛みと鼻詰まりが同時に起こりやすいだけである、と考えるのが妥当でしょう。

このとき、喉の痛みと鼻の詰まり、両者は「相関関係」にあります。

相関関係とは一方が変化するともう一方も変化する関係のことです。

因果関係が一方通行なのに対し、相関関係は互いに影響し合う双方向の関係です。

だから喉の痛みと鼻詰まりは相関関係であり、因果関係ではありません。

因果関係は、関係性を表す矢印の向きが「逆」の方向にはならないことに注意しましょう。

不良と校則の例では、因果関係を逆にとらえてしまっていました。

因果関係を見つけようとしてそれを逆にとらえてしまうこと、これが残念な考え方1「反対向きにつなげてしまう」です。

つながりの存在を発見しても、そのつながりが本来の向きと逆であったら、ロジカル思考とは言えません。

NHKのテレビ番組「チコちゃんに叱られる！」を見ていたら、このような問題がありました。

「肉屋さんがコロッケを売っているのはどうして？」。

確かに言われてみれば疑問です。

肉屋さんがメンチカツやトンカツを売っている理由ならば、残ったお肉を調理しているのかな？　などと想像ができます。

しかし、コロッケの主な原材料のじゃがいもは肉屋さんと関係ないですし、コロッケを揚げる設備も本来ならば肉屋さんには必要ありません。

では一体なぜ、肉屋さんがコロッケを作って売るようになったのでしょうか。


ここで「つながりが反対」を思い出してください。

「なぜ肉屋さんがコロッケを売るのか？」と考えると、いつまでも答えは出ません。

答えは「洋食屋さんが肉屋さんを始めたから」だそうです。

大正時代、ある洋食屋さんのシェフが、関東大震災によって失業してしまいました。

そこでやむなく再就職したのが、比較的復興が早かったお肉屋さんで、そこで開業資金を貯めました。

しかし洋食屋さんを開業するには椅子やテーブルなど、多額の設備が必要です。

そこで小さなお肉屋さんを開業し、得意のコロッケなどの洋食も販売したところ評判になり、他のお肉屋さんもコロッケを売るようになった……のだそうです。

「肉屋さん→コロッケを売った」のではなく「コロッケを作れるシェフ→肉屋さんを始めた」が正しい矢印の向きだったのです。

③因果関係が逆である可能性を検討する

このように因果関係＝矢印を逆にとらえてしまうことはビジネスの世界でもよくあります。次の主張はロジカルでしょうか。

「研修講師の私はこれまで多くの企業を見てきた。そこで見つけた法則がある。業績の良い企業は、決まって社員の働くモチベーションが高い。つまり、業績を良くするためには社員のモチベーションの高さは欠かせないのだ。だから我が社が提供するモチベーションアップの研修を受けるべきである」

「確かにモチベーションが高いことは働いて成果を残す上で大事だよな……」と考えてしまいます。しかし一般的に大事であることと、主張がロジカルであることは別問題です。

あくまでも因果関係が正しいかを考えてみましょう。この主張の因果関係を矢印で表すと次のようになります。

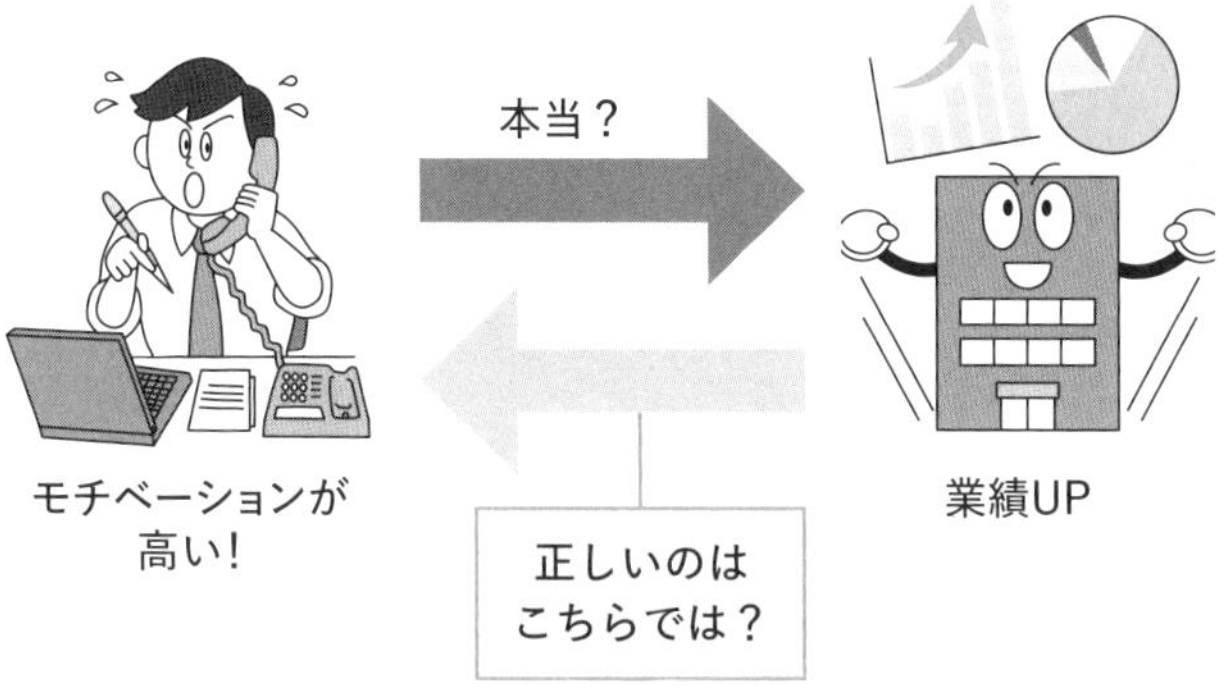

社員のモチベーションが高い ↓ 業績が良い

一見もっともらしく、正しそうに思えます。

しかしこのようなもっともらしい主張こそ、因果関係が正しいか、すなわちこれまで見てきたように矢印の向きが「逆」ではないか、その可能性を考慮しましょう。

この場合、矢印が逆になる可能性はあるでしょうか。

両者の関係に対し、このように考えることもできるのではないでしょうか。

「業績が良い企業は、その結果、給与や福利厚生などが他の会社に比べて良くなる。そのため社員は境遇に満足し、働くモチベーションが高くなる」

すなわち

業績が良い → （給与や福利厚生が良い） → 社員のモチベーションが高い

このような、研修講師が述べていた因果関係とは「逆」の可能性もあります。
どちらが原因でどちらが結果か、もしくは互いに影響し合う相関関係ではないか、原因と結果を考える際には気をつけましょう（さらに、モチベーションという単語自体が抽象的であいまいな概念であることも指摘できます。こちらは残念な考え方6「抽象的な言葉を使ってしまう」をチェックしてください）。

論田部長と直木さんの会話を思い出しましょう。
直木さんは「マスカラが売れたのは、CMの力だ」と言っています。
これを矢印で表すと次のようになります。

CMを流した → マスカラが売れた

しかし論田部長によると、マスカラは「半年前から売上がぐんぐん伸びた」のに対し、

ＣＭの放映は今月からです。

この情報によると、先ほどの矢印の向きは正しくなさそうです。

むしろ「このマスカラは半年くらい前から売上が伸びた。そこでサカサマ化粧品は広告予算をかけることを決定し、ＣＭを流すことにした。そのＣＭが今月から流れ始めた」と考える方が妥当ではないでしょうか。つまり、次の矢印の関係です。

マスカラが売れた→（さらなる売上を見込んで）ＣＭを流すことを決めた

因果関係をより正確につかむには、「なぜ半年前から売れ始めたか」に注目すべきでしょう。

A

直木さんのロジカルな解答例

直木

サカサマ化粧品のマスカラ、半年前から売れ始めたんですよね。さらに細かく売上を調べると……。あっ、特にネット販売による売上がその頃に急に伸びています。その時期に人気の美容ユーチューバーがこのマスカラを紹介していますね。そこからネットで売上が伸び、さらにその評判を聞いてドラッグストアなども取り扱いを開始したからだとわかりました。テレビCMは、商品の評判の良さでさらなる売上増が見込めると判断し、開始したのではないでしょうか。

残念な考え方 2

良い結果だけ期待してしまう

直木

部長、こんな経済ニュースを見つけたんですよ。ちょっと読んでみてください。

〝ある通販会社が発売している、５００色の色鉛筆が人気だ。25のテーマで20色ずつセレクトされ、色名も「初恋の朝焼け」「夜空を今夜だけ」などユニークだ。１９９２年に発売を開始したオリジナルの商品で、これまでにない色数の色鉛筆として注目を集めた。累計販売数は10万セット（５０００万本）を越え、色などがリニューアルされ続け現在もヒット商品となっている〟

論田

へぇ、なかなか面白い商品ね。色もキレイだし。

直木

でしょ！　やっぱりキレイな色がたくさん並んでるのってワクワクするじゃないですか。それで、これをヒントに企画を考えたんですよ。

論田

企画？　すごいわね、教えて。

直木

ウチの百貨店向けブランドのロンリーヌは春夏と秋冬の年2回、限定コレクションを発売していますよね。そのときに限定で発売する口紅は、多くても10色ほどです。そこで限定の口紅を５００色はさすがにムリだとしても、50色ほどドーンと発売するのはどうでしょうか？　この色鉛筆と同じでたくさん色が並ぶときれいでインパクトあるじゃないですか。絶対人気になりますよ。

Q

直木さんの非ロジカルな点はどこでしょうか？
どうすればロジカルになるでしょうか？

※この経済ニュースの原稿は架空の設定ですが、５００色の色鉛筆は実際に発売された商品に基づいています。

企画や改善策などを提案する際、自分にとって望ましい結果のみに注目していないでしょうか。物事にはたいていプラス面とマイナス面の両方があるものです。都合の良い面だけを見て都合の悪い面を無視することがないよう注意しましょう。

① 参考にするならむしろ異業種

直木さんの「口紅を50色発売する」提案に対し、次のような指摘をすることができたでしょうか。

「本当に色数が多ければそれだけで売れるの？」

「色鉛筆でうまくいったからといって同じ手法が口紅でうまくいくとは限らないのでは？」

「色鉛筆は全色を購入するけれど、口紅は好きな色を選んで買うところが違うのでは？」

確かにこれらの指摘だけでも、直木さんの提案はロジカルではなさそうです。

とはいえ、異業種など異なる分野をヒントに発想することは「アナロジー」と呼ばれ、それ自体はとても有効な考え方です。

アナロジーの代表例は、オナモミという植物の種からの発想です。

この種からは、カギ状のフックのようなものがたくさん伸びています。

オナモミはそのフックによって動物の毛や人間の衣服に絡みついてくっつき、運ばれることで種を広げます。

その種の形状をもとに、面ファスナー（別名マジックテープやベルクロ）が発明されたと言われています。

また回転寿司は、ビール工場でビール瓶を運ぶベルトコンベアーを参考にして発明さ

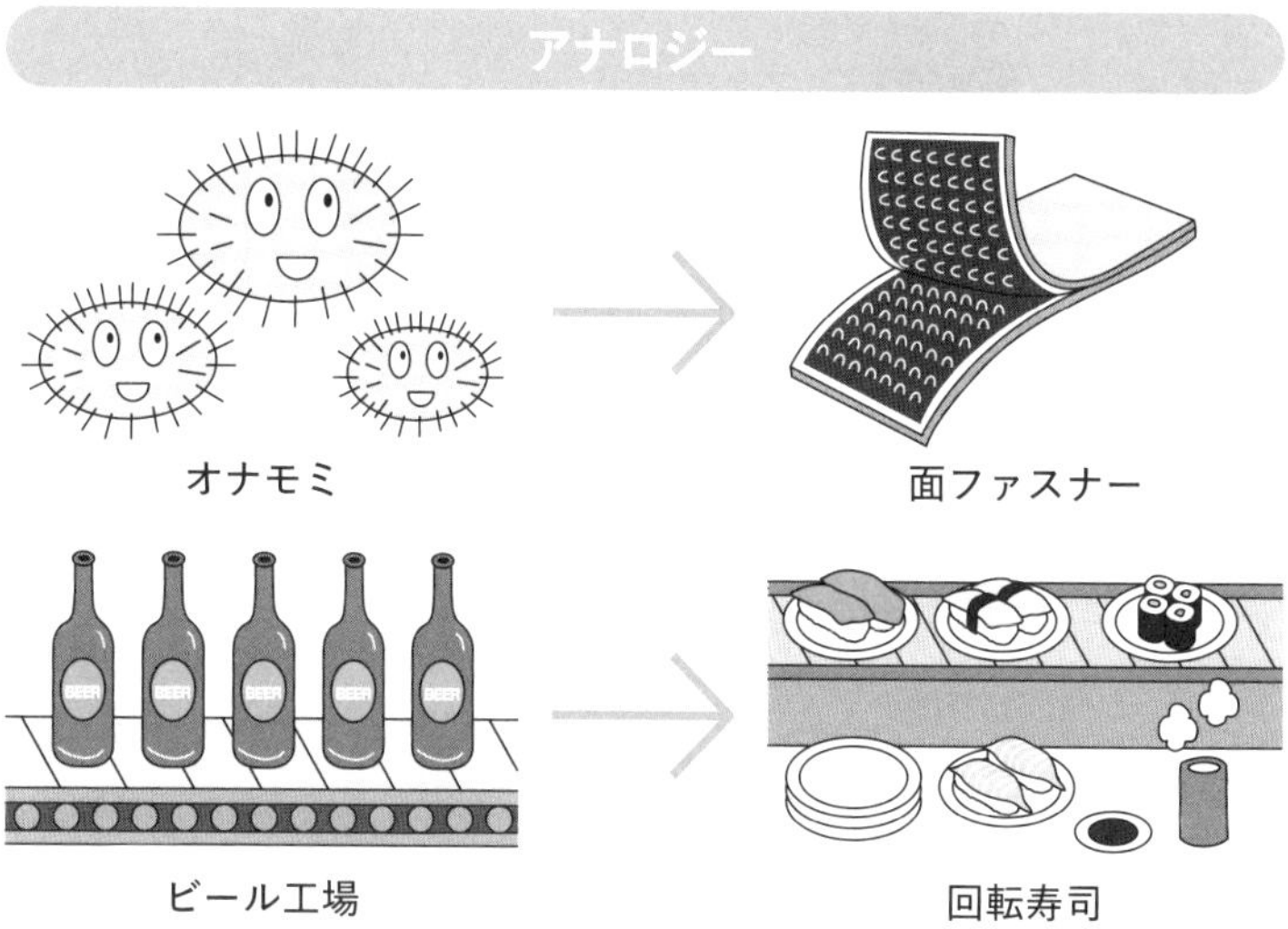

れたと言われています。

いずれも、既存の接着剤や寿司屋を真似して研究しても、面ファスナーや回転寿司のような画期的な発明はなされなかったことでしょう。

あえて違う分野にヒントを求めること、それ自体は大切な考え方です。

私もコンサルティングなどで「異業種を参考にしましょう」と言います。

たとえば旅館などの宿泊業では、一般的には他の高級ホテルや高級旅館などを参考にします。

そこをあえてディズニーランドを参考にして「ディズニーランドでお客様が満足するのはなぜか？　そこから我が社が応用できるこ

とはないか？」と考えるのです。

あるいはＩＫＥＡから「お客様はＩＫＥＡのどこに魅力を感じるのか？　なぜあの安さが実現できるのか？」などを考えてもらいます。

すると

・ＩＫＥＡの家具は自分で組み立てるが、その体験によってかえって愛着が湧く

↓旅館でも何か「体験」してもらっては。具体的には、野菜の収穫や仲居のマナー講座を体験してもらうのはどうか

などのアイデアが出ます。

「旅館はゆっくりくつろいでもらう場所」と決めつけていたら出てこないアイデアです（ちなみに自分が関わったもの・ことに愛着が湧いて実際よりも過大評価してしまうことを、心理学で「イケア効果」と呼ぶそうです）。

②発想のマイナス面も指摘できるか

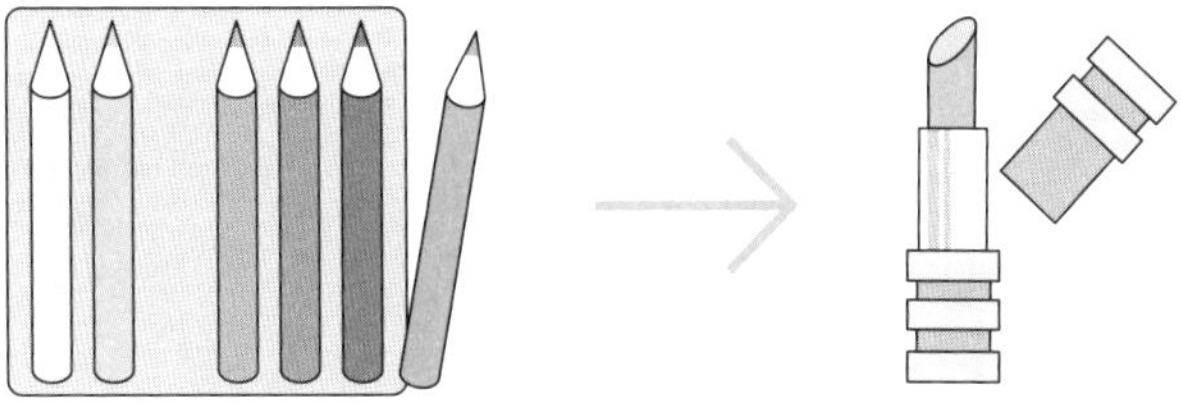

色鉛筆、
たくさんの色で人気！

口紅でも
そうなる？

５００色の色鉛筆をアナロジーとして活用することは有効です。

しかし「色鉛筆は色数が多いと売れた、だから口紅も色数が多いと売れるはずだ、我が社は50色発売すべきだ」はさすがに強引すぎます。

直木さんの考えでは、次の矢印が成り立っていることになります。

色数が多い → お客様は喜び、売れる

これは本当でしょうか。

実はこの正反対、「お客様は選択肢が多すぎると買わなくなってしまう」とする実際の調査データがあります。

コロンビア大学は実験で、ジャムの種類と販売数の関係を調べました。

スーパーマーケットのジャムの試食コーナーで、ある日は24

種類のジャムを、別の日は6種類のジャムを用意し、お客様に試食してもらいました。

この実験で、試食に多くの人が集まったのは、数が多い24種類のジャムの方でした。24種類のジャムでは来店者の60％が、6種類のジャムでは40％が試食に立ち寄ったのです。

しかし、試食した人のうち実際に購入した人の割合は大幅に逆転しました。24種類だと試食者の3％、6種類だと30％が実際に購入したのです。

試食で人気を集めたのは24種類の方でしたが、実際に多く購入されたのは6種類の方で、「人は選択肢が多すぎると選べなくなる」と結論付けられました。

この実験から、直木さんの「色数が多いとお客様は喜び、売れる」は正しくつながっているとは言えず、提案としてロジカルではないことがわかります。

この「色数が多いことでお客様は喜ぶのか」も考えるべき要素ではあるのですが、直木さんの提案には、他にも考慮すべき要素があります。

それは「色数が多いことが、売上以外の別の要素を生み出さないか」すなわち「色数の多さによって仮に売上が増えるとしても、それを打ち消してしまうマイナスの要素も同時に発生しないか」です。

冒頭の通販会社の５００色の色鉛筆は、実は注文して一度に送られてくるわけではなく、20色が25ヶ月に分けて送られてきます。

そのため、通販会社が大量の在庫を常に抱えているわけではありません。

この先2年間の受注量をある程度予測することも可能です。

ところが口紅はそうはいきません。

口紅を50種類も抱えるとなると、在庫管理が大変です。

特にデパートの売り場や倉庫は広さが限られていますから、無制限に在庫を用意できるわけではありません。店頭で展示できる数にも限界があります。

それに直木さんは季節の限定品で50色用意することを提案しています。

限定品の場合、売れる色・売れない色の予測が難しく、的中するとは限りません。

そうなると「売り切れて在庫もゼロ、販売ロスの色」がある一方、反対に「想定よりも売れず余ってしまう色」もあるはずです。

もしかしたら50色あることでお客様は喜ぶかもしれませんが、そのような販売ロスや在庫を抱えるリスクが大きすぎると言わざるを得ません。
他にも「販売する店員が全部の色を覚えられるのか」「カタログはどう作るのか」など、各種の懸念を解決しなければなりません。

③ロジカル矢印が他にも向く可能性に注意

直木さんは、ロジカルなつながりの矢印のこの部分だけを見ていました。

色数が多い ↓ お客様は喜び、売れる

しかしこの矢印は次のように向かうことも考慮しなければなりません。

色数が多い ↓ 在庫管理が大変で売れ残りも多い

ロジカルの基本は「A↓Bである」ことです。
しかしこのときに「A↓Cにもなる」と言えるようでは、ロジカルであるとは言えません。これが残念な考え方2「良い結果だけ期待してしまう」です。

原因Aと結果Bが適切に結びついて他のCなどの結果にはならない、そのとき初めて「原因Aと結果Bは因果関係がある」と言えます。

「でも現実の社会では、きっちりA→Bになるとは限らない。いつもそんなにうまくいくわけじゃないよ。逆に言えば、確実にBになるAでなければいけないということ？そんなのムリ」

このような声が聞こえて来そうです。

もちろん実際のビジネスでは、まるで機械のように理屈通りに「AすればBになる」と何でもうまくいくわけではありません。

ではどうすればいいのでしょうか。AがBではなくCやDになる可能性があるのなら、何らかの対策をしてCやDになる可能性を低下させておく、あるいはもしCやDになってもマイナスの影響が出ないようにしておく、などが挙げられます。

50種類の口紅でお客様が喜ぶことが確実ならば、それ以外に発生するであろう問題、在庫管理・商品知識・カタログ作成などについては、事前に何らかの手を打っておけばよいのです。

A→BだけではなくCやDにもなりうる際に、CやDを無視して望ましい結果であるBだけを強調したり期待したりするのは、残念な考え方です。

良い結果だけを期待するのはロジカルとは言えません。

期待する望ましいプラス面だけではなく、マイナス面がないかも確かめるようにしましょう。

直木

A

直木さんのロジカルな解答例

色鉛筆が毎月、定期的に送られてくるように、我が社のロンリーヌでも『おすすめ口紅の定期配送サービス』を提供してはどうでしょうか。口紅を選びたい反面、自分で選ぶとマンネリ化するので選んでほしいと考えるお客様もいらっしゃるはずです。毎月1回、年12回の配送なら、在庫管理もしやすいですし、オンラインサービスに限定すればカタログ作成や販売スタッフの教育などの負担も発生しません。

残念な考え方 3

誤った原因に飛びついてしまう

論田　直木さん、あすはデパートブランド『ロンリーヌ』の月次会議よね。会議資料はもう作成した？

直木　はい部長、あとは9月の売上データを入れるだけです。これで……、ＯＫです！　あっ部長、これはすごいですよ！

論田　いったい何がすごいの？

直木　9月の売上を去年と比較したところ、なんと+13%です！　すごい伸びですね。

論田　へぇ、そうなのね。じゃあ直木さん、そんなに売上が伸びた原因は何だと思う？

直木　秋冬向けの限定商品がヒットしたからですよ！　すごく売れましたからね！

論田　本当にそう？　売上データをちゃんと確認した？

直木　あれ、でも限定商品は売上目標に対して１０３％の達成率でそこそこですし、そういえば去年の限定商品も売れ行きは同じくらいだったような……。じゃあどうしてこんなに売上が伸びたんでしょうか？　もしかしたら……。

論田　もしかしたら？

直木

僕がデパートの店頭を回ったら、販売スタッフはみんなイキイキとしだして笑顔になりました！　きっと僕が行ったことにみんな喜んで、それで頑張ってくれたんじゃないですか？

Q

直木さんの非ロジカルな点はどこでしょうか？
どうすればロジカルになるでしょうか？

良い・悪いできごとが起きたら、それが一体なぜ起きたのか、原因を探ることはとても重要です。しかしその原因が誤っていたら、いくら対策を頑張っても見当違いの努力になります。ひとつのわかりやすい原因に飛びつかず、幅広く考えなければなりません。

①原因を探ろうとするのは人間の本能

「原因を探る」ことはある意味、人間の本能です。


もしもあなたが突然お腹が痛くなったとします。

現代であれば病院に行き、医師の診察を受けることができます。

そしてたいていの場合は薬や手術などによって完治します。


これが数千年前だったらどうでしょう。

現代のような医学の知識は誰も持っていません。

あなたは「この痛みはいつまで続くのか」「このまま痛みが続いて死んでしまうのでは」「誰かこの痛みの原因を教えてくれ、もう二度とこんな思いはしたくない」と思うことでしょう。

腹痛の原因がわからなければ、生死に直結します。

一時的に治ってもまた痛くなってしまうかもしれない、と不安を抱え続けます。

そこで大昔は「祈禱師」や「シャーマン」などの職業の人がいました。

その人が「お前の腹痛の原因は黒ヤギの霊だ。この草をいぶして煙を腹に当てろ。そうすれば霊は退散して治る」と告げます。

すると腹痛に苦しむ人は「そうか、それが原因なのか」と納得できます。そしてその通りにすると、黒ヤギの霊の有無に関係なく、食あたり程度ならば数日で腹痛は治ります。

その人は次のように解釈します。黒ヤギの霊＝「原因」に対し、煙を腹に当てる＝「原因に対処する行動」を行ったことで、完治＝「結果」が得られた――と。

現在でも、一部の地域にはこのような祈禱師やシャーマンと呼ばれる人たちは存在します。

現在の医学から考えれば、このような職業はインチキで嘘つきだとあなたは思うかもしれません。

しかし、そう言い切ってしまっていいのでしょうか。

そのような職業の人たちは、原因がわからない不安を取り除いて「安心」を与えている、と考えたらどうでしょう。

「死ぬかもしれない」不安に対して「これが原因です、だから大丈夫ですよ」と安心する材料を与える職業とも言えるのです。

そして「原因」が（真実はどうであれ）わかったことで、生きる希望が持てる人もいるでしょう。それくらい、人にとって原因がわからないことは不安なのです。

②安易な原因の特定は危険

しかし、だからこそ気をつけなければなりません。

人は「原因がわからない」モヤモヤした状態には耐えられず、なんとしてでも原因を探し出そうとするのです。

その結果、真実ではないニセの原因に飛びついてしまいがちです。

原因がわからないモヤモヤを抱え続けるくらいなら、それっぽいもっともらしい原因に飛びついた方がラクなのです。

さらに、問題に対して原因を探ろうとしても、実際の原因はたいていが複雑に絡み合ったり、単なる偶然が重なったりしたことによるものです。

「ヒット商品の誕生の秘密は！」などのテレビや雑誌の特集も、たいていは後付けに過ぎません。

ヒット商品はひとりのヒットメーカーによって生み出されるわけではなく、様々な関係者の努力が重なって生まれるものです。

しかしテレビ番組でそのように紹介しても面白くなりません。

「ヒットメーカーAさんのあるひらめきから生まれた！」の方がわかりやすく、飛びつきやすいのです。私たちは原因を実際よりも単純化してしまいがちです。

原因を探ることはもちろん大切です。

しかし、人は原因がはっきりしないとモヤモヤして、スッキリするために「それっぽい、ニセモノの原因」に飛びついてしまいがちである、そのことは覚えておかなければなりません。

これが残念な考え方3「誤った原因に飛びついてしまう」です。

ヒットした商品に対して「ああ、CMが良かったからね」「ネットで広告がバズったからね」などと単一のヒットの原因を言い切ってしまいがちですが、そのようなひとつの単純な原因で結果を説明できることは、実際には多くありません。

原因を考える際に特にやってしまいがちな残念な考え方は、自分の考えと一致する原因を探してしまうことです。

すなわち、ゼロから原因を探るのではなく、自分なりの「原因だと思うこと」もしくは「原因であってほしいと思うこと」があり、それが原因であると言えるように都合の良い論理を組み立てているのです。

直木さんも今年の売上増の原因を探る際に、なんとなく頭に思い浮かんだ「秋冬向け限定商品が売れた」を真っ先に挙げました。

論田部長が指摘しなければ、会議資料には秋冬向け限定商品が売れた理由を分析し、それらしく盛り込んでいたかもしれません。

本書の冒頭で紹介した例、「ゲームは子供の発育に悪影響」も同様です。

親として（自分が子供のころのことは棚に上げて）子供がゲームにのめり込んでいるのはあまり気分がよいものではありません。

「もうちょっとゲームの時間を勉強に回してほしい」、そう思うものです。

「ゲームは学力向上の大敵だ」と考える教育関係者も多くいることでしょう。

そのような人たちにとって、ゲームは「学力向上に良くない存在」であり、「悪者」であるとみなす結論が最初から出来上がっています。

だから「ゲームは学力向上を邪魔する原因である」ことを証明するためのデータを探そうとするのです。

そしてゲームを一日30分する子供と3時間する子供を比較するデータを見つけて、ほらやっぱりそうだ！　ゲームは学力に悪影響だ！　と結論づけます。

正しい原因を導き出そうとするのではなく、自分が思う原因ありきでそれを証明する要因を探すので、ロジカルではなくなってしまうのです。

このように人は「結果から、適切な原因を考える」のではなく、「理想とする原因が最初からあり、その原因がもっともらしい理由を探す」ことをしがちです。

すると当然、本来の原因は無視されてしまいます。

「もしかしたら腹痛はヤギの霊のせいではないかもしれない」「学力低下はゲームのせいではないかもしれない」と他の原因を正しく探せていたら、よりロジカルで適切な原因を見つけられていたかもしれません。

原因を考えたけれども結果的に間違っていた、これはある程度やむを得ません。

どうして間違ったかを後から分析して次に生かすことができます。

しかし原因を最初から決めつけてそれありきで考えると、当然のことながらいつまでも正しい原因にはたどり着きません。

③もっともらしい原因こそ要注意

自分では幅広く考えているつもりで「誤った原因に飛びついてしまう」ことがないよう注意していても、結果的には残念ながら誤った行動をしてしまうことがあります。

次の事例で考えてみましょう。


売上不振に悩む居酒屋の店主が「売上アップのためにはお客様の満足度を高めなければ」と考えました。

売上増のために顧客満足度を高める、これ自体はロジカルで妥当だと言えそうです。

そこで店主は「お客様に満足していただくために、不満な点を改善しよう」と考え、お客様アンケートを実施しました。お客様が不満に感じている点をアンケートで答えて

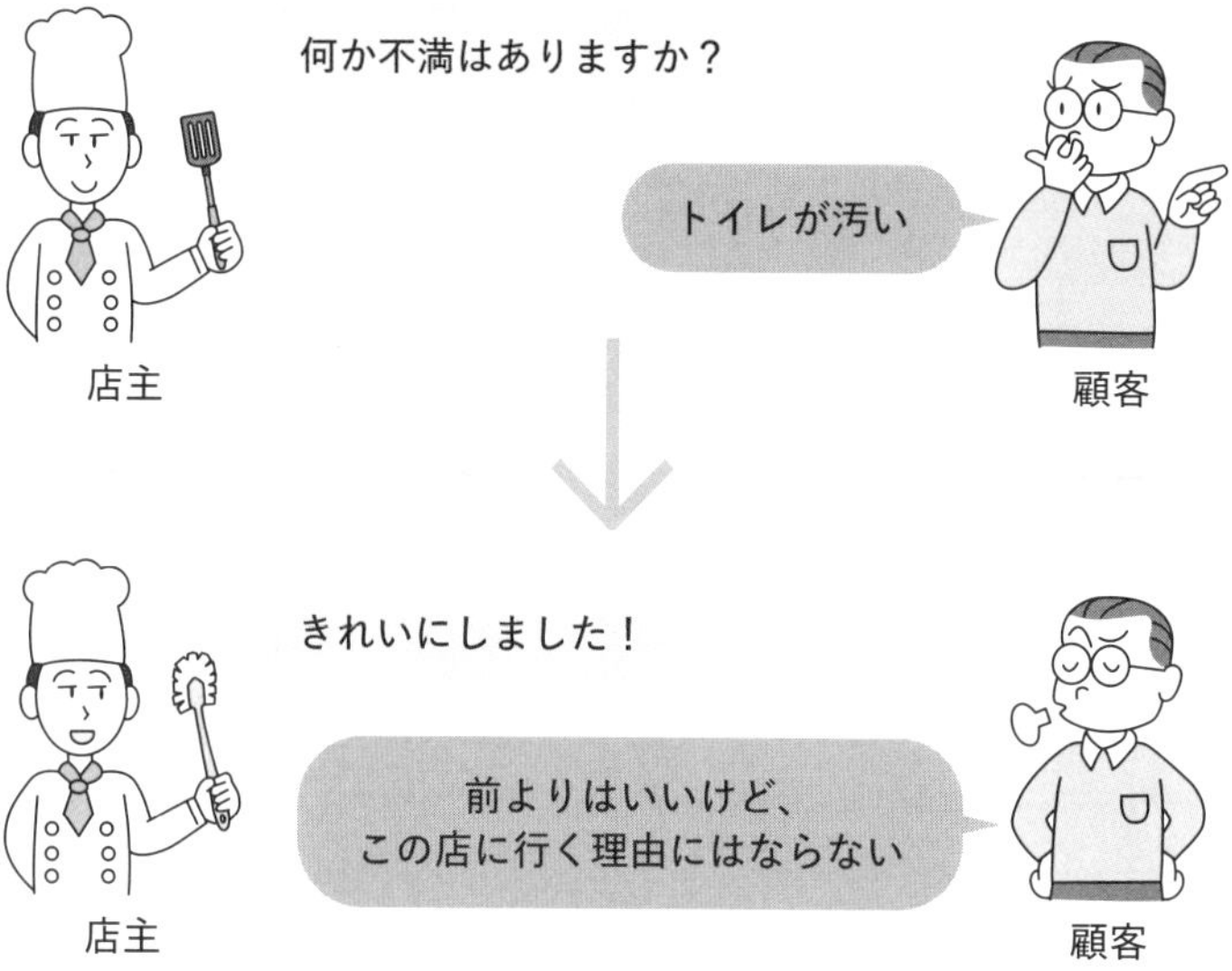

もらったのです。

すると「トイレが汚い」ことが不満の第一位でした。店主は反省し、トイレをピカピカに掃除し、きれいによみがえらせました。

まるでショールームのようにきれいなトイレです。

こうしてトイレは清潔になり、お客様は満足度が高まって売上も上昇するはず……と考えました。しかし、実際には売上は伸びませんでした。

これは一体なぜでしょうか。

店主は「顧客満足度を高めよう」と考え、顧客の不満をアンケートで収集し、きちんとそれに対策をしました。

売上不振の原因を安易に決めつけることなく、客観的に探った上で妥当な対策をしたように思えます。原因追求のプロセスを含め、店主の行動に特に問題点があるようには思えません。

しかし実は、ここに原因を探す際の落とし穴があります。

「顧客満足度を高める」行為が好ましいことは間違いありません。満足度が高まったら「また来よう」「友人にも推薦しよう」と売上につながっていくからです。

ただしこの店主が行った行為はトイレの汚さという「不満をなくす」ことでした。

一見良いことのように思えますが、「不満をなくす」と「満足度を高める」は似て非なるものです。

あなたは飲食店を出た後、「この店は料理やサービスは良かったけどトイレは汚かったな、もう来たくないな」と思うことはあるでしょう。

しかしその反対に「この店は料理やサービスはイマイチだったけどトイレがきれいだったな、また来たいな」と思うことはまずありません。

トイレは不満の原因にはなりますが、満足の原因にはならないのです。

だからトイレを改善しても、顧客の不満を解消しただけであって、満足度が高まるとは限らないのです。

このような「もっともらしい原因」こそ注意が必要です。

トイレをきれいにすることそれ自体は一般的に良い行動であり、否定する人はいないでしょう。

しかしこのような「一般的に良いこと」が目の前の問題を解決してくれるかどうかは別です。「良いこと」自体に満足していないか、注意しましょう（詳しくは残念な考え方9「一般論や多数派に流されてしまう」を読んでください）。

冒頭の会話で直木さんは売上が13%伸びた要因について、当初は「秋冬向け限定商品が売れたから」と決めつけていました。

原因を探ろうとすると、このように目立つ事象につい飛びついてしまいがちです。

論田部長に言われてデータを見るとそうではないことがわかりました。

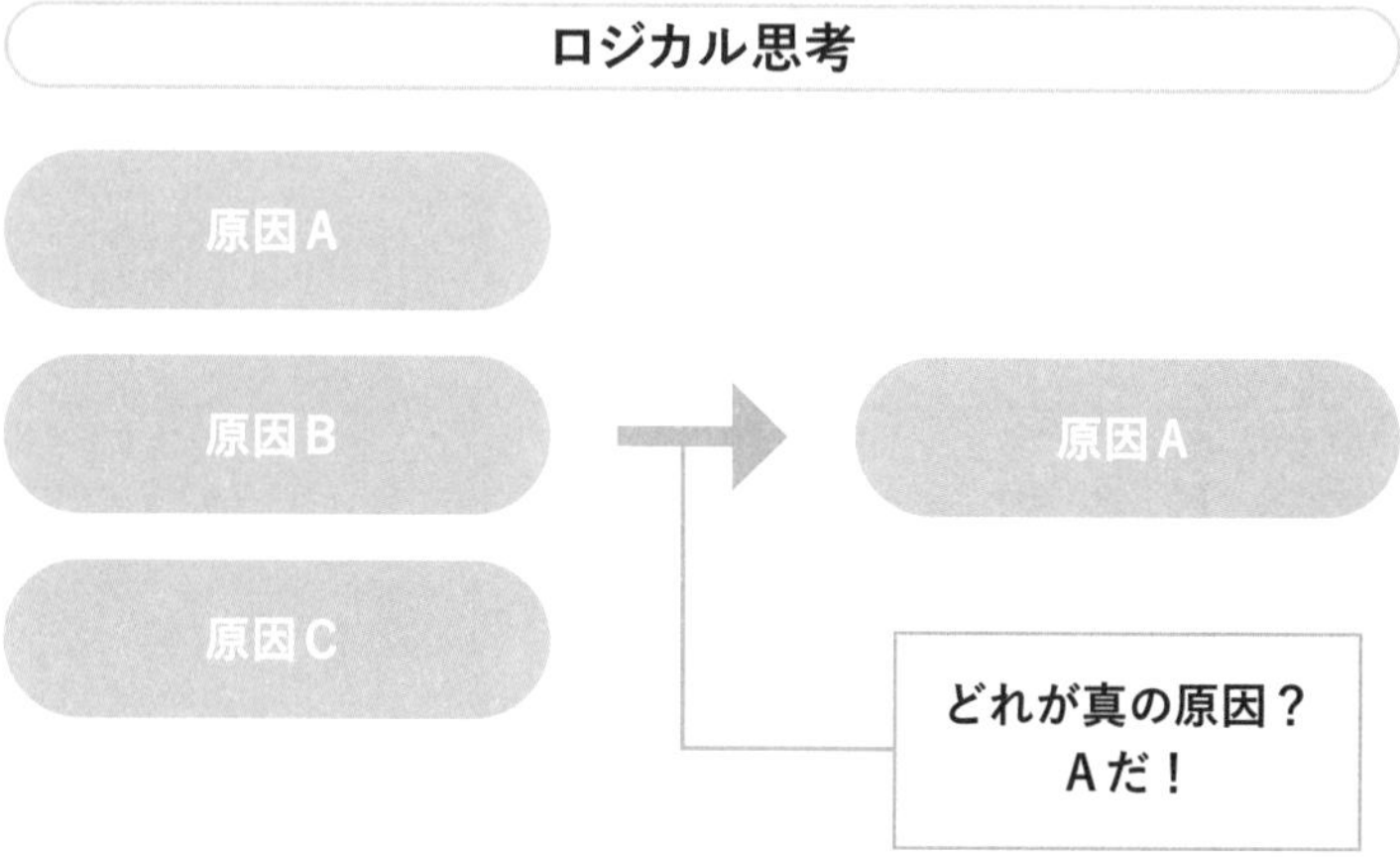
ロジカル思考
原因A
原因B
原因C
原因A
どれが真の原因？
Aだ！

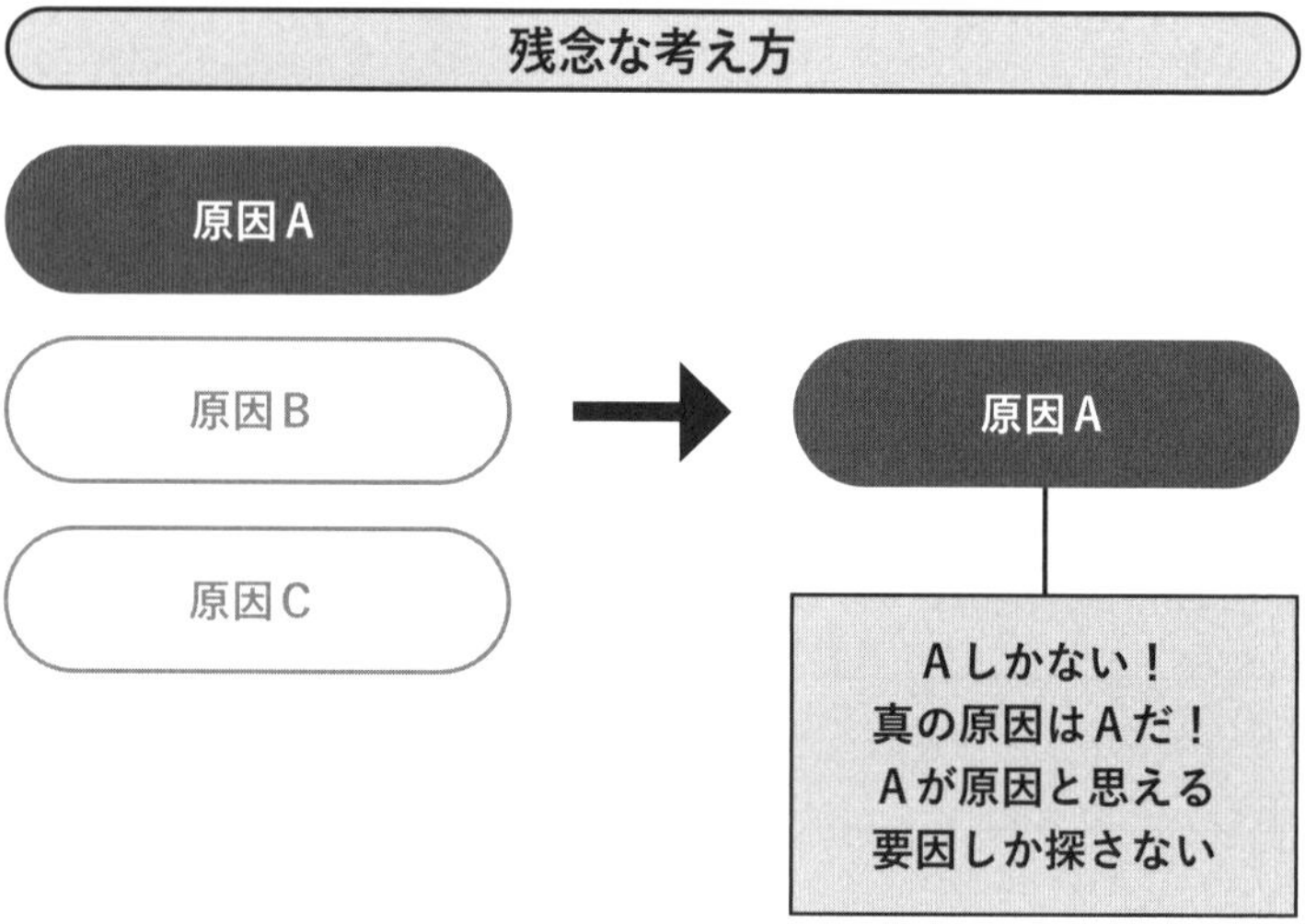
残念な考え方
原因A
原因B
原因C
原因A
Aしかない！
真の原因はAだ！
Aが原因と思える
要因しか探さない

直木さんは「売上が前年比13％伸びた」ことを「今年の売上がとても多かった」と無意識に判断してしまっています。

あくまでも13％の「伸び」なのですから、「今年の売上が多かった」だけでなく「去年の売上が少なかった」可能性も考慮しなければなりません。

13％の「伸び」の原因は、今年ではなく去年かもしれないからです。

去年の売上を無視して今年の売上だけを見ては、売上の伸びの正しい原因にはたどり着きません。

人間には「原因を探る」本能があります。

そのため、一つのもっともらしい要因を最初から原因と決めつけ、正しくつながっているはずだと思い込んで飛びついてしまう傾向があります。

原因がわかったと思ったときこそ一旦冷静になって立ち止まり、「本当にそれが原因か？」「他の原因はないか？」「自分がそうであってほしい原因をあてはめていないか？」と再度考える習慣を身につけましょう。

A

直木さんのロジカルな解答例

直木

ロンリーヌの9月の売上は＋13％の「伸び」ですから、去年と今年を比較して、違うところに着目してみますね。

……あっ、去年の9月は大型の台風が週末を直撃して、全国的に百貨店が臨時休業になりました。そのせいで去年の売上が低かったんですね。確かに去年と比較すると＋13％ですが、今年の売上が特別に良かったわけではありませんでした。会議でもそこに留意するよう報告します。

残念な考え方 4

弱い原因を唯一と決めつけてしまう

直木　論田部長、この間、僕が担当している新商品の口紅のモニター調査をやりましたよね。一般の方に実際に口紅を使ってもらって、その感想を聞く調査です。その結果が調査会社からあがってきました。

論田　そう、どんな結果だったか教えてくれる？

直木　どれどれ……おっ、すごくいい結果です！　モニターさんの意見は好評ですね。

論田　どんな風に好評なの？

直木

つけ心地がいいとか、色が落ちにくいとか……。特にこの満足度の数値を見てください。8割以上が満足したって答えていますよ。

論田

ちょっと調査報告書を見せて。

「口紅を使ってもらい、その感想を『とても満足』『満足』『不満』『とても不満』の4段階で評価してもらいました。集計の結果、とても満足または満足と答えた人が83％でした」……か。

うーん、なるほどね。

直木

8割以上もの人が満足しているんですから、ヒット間違いないですよね！

論田

残念ながら、そうとは言えないかもしれないわね。

直木

えーっ、どうしてですか!?　ちゃんとデータを確かめたじゃないですか。

Q

**直木さんの非ロジカルな点はどこでしょうか？

どうすればロジカルになるでしょうか？**


物事の原因はたいてい一つではなく、様々な要因が複雑に絡まっているものです。しかしそれらしい原因が見つかると「これが唯一の原因だ！」と決めつけたくなります。また、願望や思い込みが先行すると、弱いはずの原因をとても強い原因であると思い込みがちなので注意しましょう。

①アンケートの満足＝本当に満足か？

あなたも満足度調査などのアンケートを依頼されたことはありませんか？

私も飲食店で「こちらのアンケートに答えたら次回に使用できる割引クーポンを差し上げます」などと言われると、クーポン欲しさについつい答えてしまいます。

ではあなたはそのアンケートに正直に答えるでしょうか？

もちろん、あからさまに嘘をつくことはないでしょう。問題なのは「おいしかったですか」「満足しましたか」などの問いです。

これらの問いには、よほど不満がない限り「おいしかった」「満足した」と答えるのではないでしょうか。

クーポンが欲しくて回答している場合には、不満と書いて「ではどこが不満でしたか？」と聞かれたら面倒だな、と思ってしまうこともあるでしょう。

調査によっては「不満と答えたら面倒な人物とみなされて次のアンケート候補から外されるのでは」と考え、企業に好かれようと本意ではないプラスの回答をする人もいます。

その結果、アンケートの回答は「おいしかった」「満足した」ばかりになります。

実際には70点の満足度であっても、満足と回答することで、企業からは「１００点満点」と解釈されかねません。

そのような結果を避けようとしたのか、「1～10の10点満点で評価してください」と設定しているアンケートを私は受け取ったことがあります。

正直なところ、10点満点の質問に何問も答えるのが大変で、あまり考えずなんとなく全部8～10点にして回答したこともあります。

アンケートで顧客の声を探る、それ自体は大切ですし有効です。

しかしアンケートが顧客の声そのままを反映しているかどうかについては、気をつけなければなりません。

ましてやそのアンケート結果を会社の取り組みに反映させようとする場合は、「この結果を鵜呑みにしてよいのだろうか？　どの程度信頼できるだろうか？」と注意しなければなりません。

その結果、「このアンケートは今後の方針の根拠、すなわち原因とするには弱い」など冷静に判断することもときには必要です。

このような「ぱっと見で原因に思えるが、実際には『弱い』原因」には注意が必要です。

特にわかりやすいアンケート結果ほど「弱い」原因に過ぎないことが多々あります。

有名な事例として、マクドナルドが「ヘルシーな野菜メニューが欲しい」というアンケート結果を参考にして新商品の「サラダマック」を発売したところ、まったく売れなかったことがあったそうです。

アンケートで良いと思って回答することと、実際にお金を払って注文することには隔たりがあるからです。

アンケートは大事ですが、それをどこまで反映させるかはロジカルな判断が必要になります。

このように、参考材料とする程度なら望ましいものの、真の原因とは呼べない「弱い」要因をただ一つの原因と決めつけてしまうこと、これが**残念な考え方4「弱い原因を唯一と決めつけてしまう」**です。

先ほどの残念な考え方3「誤った原因に飛びついてしまう」は明らかに「誤り」の原因だったので注意すればある程度は防げます。

しかしこのような「弱い原因」はアンケート結果のように一見もっともらしく、誤りとまでは断言できないので、真の原因に見えてしまいがちです。

②弱い原因を願望が強化してしまう

私が化粧品会社でマーケティングを担当していた頃、この「弱い原因」によって苦い経験を味わいました。

私が担当していた高級化粧品ブランドは当時、デパートのみで販売しており、20代後半から30代前半がメインの顧客層でした。

そのブランドが新たに20歳前後のより若い顧客層を対象としたスキンケア商品を発売することになりました。当時、そのブランドの売上は毎年2桁成長と絶好調なこともあり、これまでにないタイプの新商品に期待を寄せていました。

ところが、実際の売上は期待を大きく下回るものでした。

なぜ売れなかったかを探ると、この「原因が弱い」にたどり着きます。

では、その「弱い原因」とは何でしょうか。

今になって振り返ってみると、ほぼ希望でしかない要因を「～だから売れるはず」と思って決めつけていました。具体的には次のようにです。

・このブランドは40代のユーザーも多い。娘のために、あるいは娘と一緒にお店を訪れて、その娘世代向けの新商品を買うことがあるのでは。
・20歳前後の女性は朝、時間がなく忙しい。化粧水、美容液、乳液……などいくつも必要とせず、これ1本で済むのは便利なはず（当時、デパート化粧品でこのような1本で済むタイプのスキンケア商品は斬新でした）。
・このブランドの20歳前後の年齢層向けのメイクアップ商品が現在大人気である。その勢いでこれも話題になって売れるはず。

結果はどうだったでしょうか。

・いくら母と娘であっても、化粧品については別。同じブランドを好きになるとは限らない。
・20歳前後の女性で、デパートで化粧品を買う人は全体の一割以下。デパートで化粧品を買うようなこだわりがある人は、一本で済むお手軽なタイプの化粧品は好まない。
・メイクアップ商品が人気だからといって、同じブランドのスキンケア商品も欲しくなるわけではない。

いずれも、今思えば「それは当然でしょう」と思える要因ばかりです。

残念な考え方3「誤った原因に飛びついてしまう」でも指摘したように、「この商品を売りたい」気持ちがいつの間にか「〜の理由があるから売れるだろう」にすり替わっていたのです。客観的に見れば売れるにはとても弱い要因に過ぎないのに、いつの間にか「売れると言える要因探し」をしてしまい、「これらの要因があるから売れるはず！」と思い込んでしまったのです。

③原因の強弱は時代によっても変化する

自分が「AならばB」と原因と結果をロジカルに結びつけているつもりのときでも、実はそれが結びついていない、あるいは時代の変化などで非常に弱い結びつきに変わっている場合があります。

私がある公的な会議に委員として出席したときのことです。

会議では、売上減に悩む製造業について、その企業の対策が適切かどうかを話し合いました。

企業からの提案書にはインターネットによる顧客コミュニケーション、特にソーシャルメディアの活用が挙げられていました。

それについて年配の委員が次のように発言しました。

「この会社はそんなことよりも、まず販路を増やすのが事業としての基礎でしょう。インターネットどうこうよりも、問屋や小売店を開拓して置いてくれる店を増やすのが先決です」

もちろん、それは一つの選択肢ではあります。

しかし売上を伸ばす＝販路を増やす、と決めつけているのが失礼ながら前時代的だな、と感じました。

高度成長期ならば置いてくれる店を増やすことが売上増に直結したかもしれません。

しかし現在は、販路の数や知名度の高さが売上と必ずしも結びつきません。

同社が提案したインターネットを活用した販売促進は、私から見て妥当なものでした。

しかし「そんなことをしたってしょうがない、店に置いてもらわないと」と決めつけているのは、「販路増→売上増」という、今の時代では弱くなった原因を重視しすぎてい

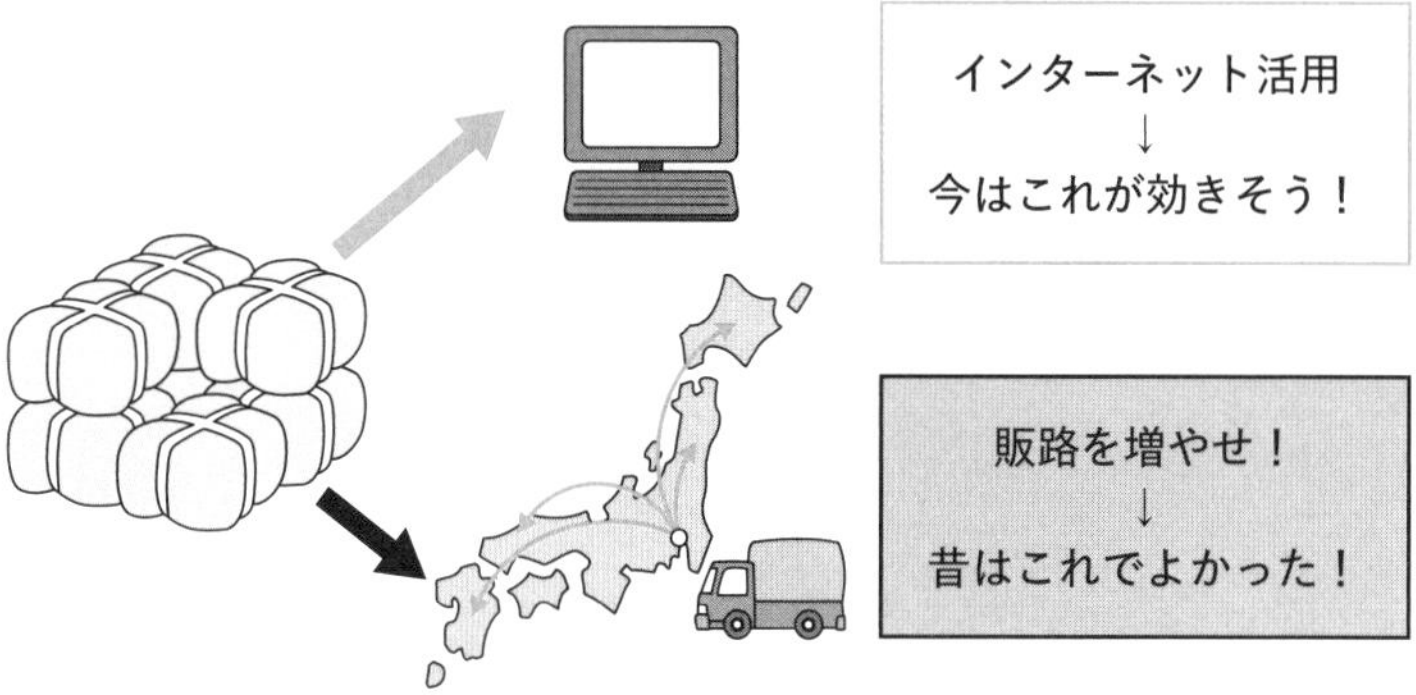

昔の因果関係が今も成り立つとは限らない！

るように私には感じられました。

冒頭の直木さんの例に戻ると、「満足が8割以上→多くの人が満足している→売れるはず」の思考の流れは妥当のように思えます。

しかし質問の選択肢を見ると「とても満足」「満足」「不満」「とても不満」の4択しかありません。

この選択肢では、よほど不満がある人以外は、そこそこの評価でも「満足」と答えるはずです。この83%は「本当にとても満足」な人と「あえて不満とするほどでもない」人が混在していて、あまり参考にはなりません。

逆に17%も「不満」「とても不満」があったことを問題視すべきではないでしょうか。

この商品が良いことを証明するための証拠として、このアンケートは「弱い原因」にしかなりません。

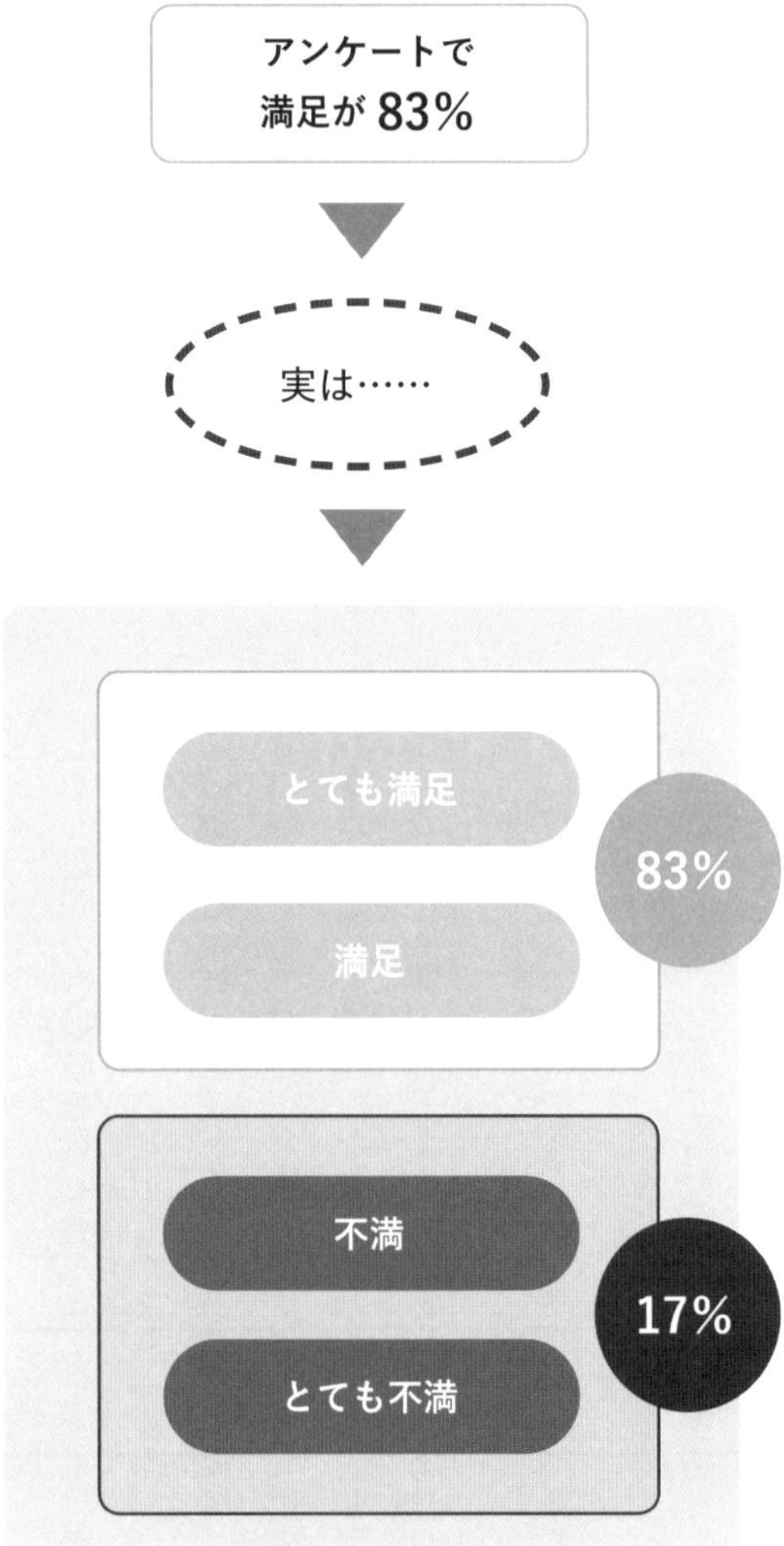

よほど不満がないと「満足」に回答する！

人はロジカルに原因を探し出すのではなく、それらしい要因を唯一の原因と決めつけてしまいがちです。

本当は原因としては弱いものであっても、少しでも関係があると原因であるかのように感じてしまうのです。

「犯罪者の99％はパンを食べたことがある。パンを食べると犯罪者になるに違いない」というジョークがあります。

このように極端な例だとそんなわけがない、と冷静に判断することができます。

しかし「このスキンケア商品は売れるはず。なぜならブランド自体が人気だから」「売上増には販路増だ。なぜなら昔それで成功したから」と、自分の願望や体験があると、それを真の原因と混同しがちです。

「もっともらしい弱い原因」に引きずられないよう、注意しましょう。

A

直木

直木さんのロジカルな解答例

調査では83%がとても満足または満足と答えています。しかしこのアンケートは中間の「どちらでもない」などがない4択ですから、この数字だけで心から満足した人が多いと受け取ってはいけないと思います。自由回答を見ると、満足した人は「口紅が落ちにくくてよかった」、不満な人は「メイク落としで落とすのに時間がかかった」とあります。これらは表裏一体ですから、「落ちにくい口紅」であることを宣伝などで強調して顧客に伝えるべきだと思います。

残念な考え方 5

目的につながらない行動をとってしまう

論田

直木さん、ロンリーヌについて、来年1月以降の店頭での販売計画を教えてくれる？

直木

はい！　例年と同じく、1月はニューイヤーキャンペーン、それからバレンタインデーキット、春夏に向けた日焼け止め商品の発売と続いて……春に新しい企画を考えたんですよ！

論田

新しい企画？　へぇ、どんな企画なの？

直木

春に新生活キャンペーンをしようと考えてます！　あなたの未来を応援しま

す！って。よくないですか？

論田

その新生活キャンペーンはなぜ行うの？

直木

春は新生活で、学校や職場、住む場所など、環境が変わる人が多いですよね。だから心機一転しよう！っていうキャンペーンです。

論田

……私の質問はその新生活キャンペーンは『なぜ』行うのか、なんだけど。

直木

え、あ、それは今言ったようにですね……新生活だから、心機一転で、化粧品も新しくロンリーヌに変えませんか、って狙いがあって……。

論田

うーん、新生活だから心機一転、か……。

Q

直木さんの非ロジカルな点はどこでしょうか？
どうすればロジカルになるでしょうか？

目的を達成するために何かをしていたはずが、その行動自体が目的になってしまった、あなたもそんなことはないでしょうか。がんばって行動することは素晴らしいと私たちは教えられて育ちましたが、その行動が達成したい目的につながらなければ意味がありません。

① プレゼン失敗の原因は「経験の不足」なのか？

私は企業研修などでプレゼンテーション（以下プレゼン）を指導することもあります。
先日、友人から「大学院の講座を受講し始め、そこでパワーポイント（以下パワポ）を使ったプレゼンを生まれて初めて行った。すると、指導教授から『発表内容が抽象的だ』と言われてしまった。だからプレゼンのやり方を教えてほしい」と依頼を受けました。

依頼を引き受けて彼から聞き取りを進めると、さまざまな「ズレ」がありました。彼本人はこのように考えています。

・自分はパワポを作成してプレゼンした経験がない。だから発表が下手だ。パワポのつくり方と上手なプレゼンのやり方を教えてほしい。

それに対して私は次のように感じました。

・教授に「抽象的だ」と言われた内容を改善しなければいけないのでは。パワポのデザインやプレゼンでの話し方よりも発表の中身が問題では。

彼には悪いですが、プレゼンの内容自体が不十分であるにもかかわらず、発表「だけ」がうまくなっても、聞き手を納得させることはできません。

もし仮に私が「美しいプレゼン資料のつくり方」を指導しても、教授は「プレゼンの

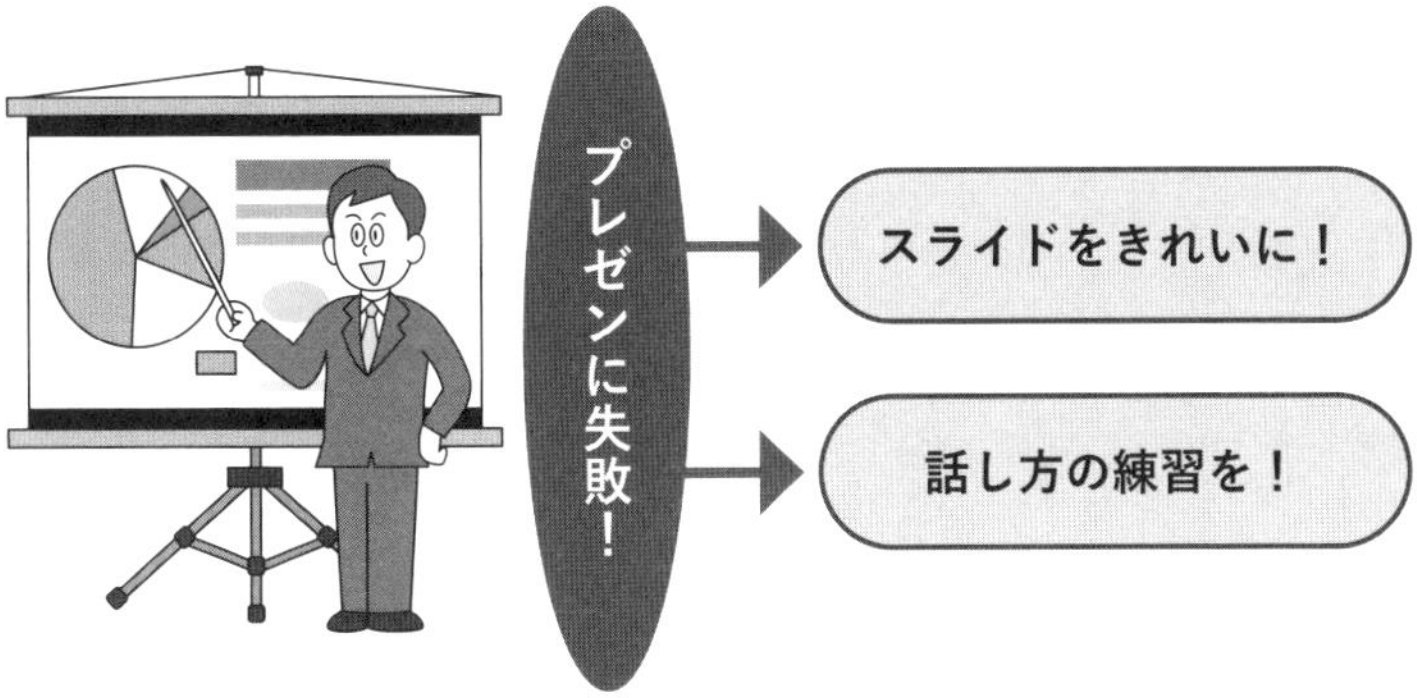

本当に原因はそこか？　プレゼンの「内容」が最も重要では？

資料はきれいだったが、内容は抽象的なままだった。それではダメだ」で終わってしまうことでしょう。

プレゼンとは相手にわかりやすく伝え、納得させ、行動してもらうことが目的です。決して資料を美しくすることをプレゼンそのものの目的にしてはいけません。

このように、手段と目的が逆転してしまったり、「そもそもそれって何のためにするんだっけ？」と行動の意味がわからなくなってしまったり、そんなことがあなたにもあるはずです。

これが残念な考え方5「目的につながらない行動をとってしまう」です。

本来、目的と行動はセットのはずです。ある人が「資格試験に合格するために一日2時間勉強する」と決断したとします。これだけならば、目的＝「資格試験に合格したい」、行動＝「一日2時間勉強する」がロジカルにつながっているように思えます。

しかしこの目的を忘れ、「とにかく2時間勉強すればいいんだ」と試験に出ないマニアックな項目ばかり勉強したり、睡眠不足でうとうとしたまま机に向かって漫然と2時間過ごしたりするだけでは、試験には合格できそうにありません。

冒頭のプレゼンの例も、プレゼン内容の充実が最優先であり、パワポの見た目などは優先順位としては二番手以下となるはずです。

しかし人は重要そうなこと、特にわかりやすい行動にばかり意識が向かい、その目的を軽視してしまいがちです。

そのため「私はプレゼン経験がなくプレゼンが下手だ。だからうまくいかなかった。プレゼンのやり方を学ばなければ」と適切でない行動に飛びついてしまうのです。

企業の新規事業においても同様です。

「これからはＡＩを事業に取り入れよう」「公式インスタグラムを始めよう」「働き方改革だ、残業禁止だ」などと、行動ばかりが先行してしまうことはありませんか。

これらはいずれも「手段」にすぎません。

何を成し遂げたいのか、その目的が定かでないのに流行ばかりを取り入れてもうまくいきません。

②目的の達成につながりにくい行動は挫折しやすい

私達は「なぜこの目的なのか」「そのためにどのような行動をすべきか」がロジカルに結びついていれば、目的を達成するための行動を継続させることができます。

一般的に、ダイエットは挫折しやすいと言われます。

あなたも「今年の夏はオシャレな水着を着たい、そのためには5kg痩せよう」「健康診断でひっかかってしまった、酒を飲んだ後のラーメンは控えて数値を改善しよう」などとダイエットしようと意気込んだものの、すぐに挫折してしまった……このような経験があるのではないでしょうか。

ダイエットが挫折しやすい理由の一つは「行動がすぐに目的の達成に結びつかないから」です。

ダイエットは、ちょっと取り組んだからといって苦労や努力がすぐに成果として現れる＝体重が減るわけではありません。

長期間コツコツと取り組んでようやく実を結びます。

脳はこのような「長期のいいこと」には反応せず、短期、つまり「眼の前のいいこと」にしか喜びを感じないのだそうです。

人類が農業など、長期スパンで物事に取り組むようになったのはここ数千年のことで、それまでは「今、食料があるかどうか」が重要でした。

1年後の食料100kgより、今日の食料1kgの方が生きていくためにははるかに大切だったのです。

だから脳は「1年頑張れば成果が出ること」を頑張ることができず、目の前の手っ取り早い成果＝食べることによる満足を求めてしまうのだそうです。

一時期「レコーディングダイエット」が流行し、実際にダイエットに成功する人も多かったのは、このような脳の「すぐご褒美がないと挫折してしまう」性質をうまく利用したからでしょう。

レコーディングダイエットとは、その日に食べたものを記録するだけのダイエット法です。もちろん記録したからといってすぐに痩せ始めるわけではありません。

しかし、記録に残して見返す過程によって「今日はちゃんとカロリーを控えた」「昨日の食べ過ぎを取り返した」などと達成感があり、少しずつでも「前に進んでいる」感があるから続けられた人が多かったのでしょう。

目的と行動は適切に結びついていること、それがロジカル思考に必要な条件です。

なおかつ、その行動によって「なるべく短期に」「なるべく高確率に」目的が達成できることが望ましいと言えます。

「1年間続ければ2割の人が成功するダイエット法」よりも「3ヶ月続ければ8割の人が成功するダイエット法」を誰もが選びます。

行動自体を目的にするのではなく、「本当にこの行動は目的を達成するための最適な手段か？」を常に自問する必要があります。

③人は達成したい目的のための行動ならやる気が出る

私は以前、ある和菓子店の経営コンサルティングをしました。

そのお店は地方都市に直営とテナントで計6店舗出店し、喫茶も併設するなど、地元の和菓子店として確固たる地位を築いていました。

しかし実際には原材料の高騰やコンビニスイーツの台頭などで経営は苦しく、赤字に転落してしまいました。

その和菓子店の経営者はそんな状況でものんびりとしていました。

倉庫を見せてもらうと、使っていない調理器具でいっぱいです。

なぜ和菓子作りに関係ない調理器具が数多くあるのかを聞くと、

「いつか隠れ家的な割烹料理店を開くのが夢なんですよ。それで試しにと思っていろいろ和食の調理器具を買ってみたんですが、結局今はほとんど使ってないですね。はっはっは」

となんとものんきな答えでした。

この経営者に「そんなことをしている場合ではないでしょう！」と正面から訴えたらどう反応されるでしょうか。

原価率の改善や客単価の向上、集客策などを提案しても、面倒がられたりピンと来なかったりと、おそらく積極的に取り組むとは思えません。

そこで私はこう言いました。

「なるほど隠れ家的な割烹ですか、いいですね！　私もぜひ応援したいです。でも社長、今の経営状態では別業態の飲食店を出店しようにも厳しいのはおわかりですよね？　だから『3年後に割烹をオープンする』を目標にして、今から経営の改善を目指しませんか？　具体的には、3年後の財務諸表は○○を目指します。そのためには1年後に××になっていないといけなくて……そして具体的には半年以内に△△を……今日から始められることとしては□□を……」

こう言うと、社長の顔がぱっと明るくなり、姿勢も前のめりになりました。

もしも社長に「割烹なんて夢みたいなことを言わずに現実を見てください。今の事業の立て直しが先でしょう」と言ってしまったら、それが事実であっても、社長は落胆してやる気を失ったことでしょう。

社長の目的、すなわち「隠れ家的な割烹を開店」をまず尊重し、そのための「行動」を伝えました。

ただし経営もダイエットと同じで、すぐに成果が出て改善するわけではありません。「●●をコツコツ3年続けてください」では途中で挫折してしまうでしょう。

そこで「3年後の理想」を挙げた上で、逆算して1年後は、半年後は、そして今すぐすべきことは……と細かく分割しました。

こうして「目的＝3年後に隠れ家的な割烹を開く」と「行動＝今は□□をする」が結びつき、目的に沿った行動を起こすことができました。

直木さんの「新生活キャンペーン」について考えてみましょう。

化粧品会社側の目的は、大まかに言えば「売上が増えること」「たくさんのお客様が買ってくれること」です。

そのための会社側の行動は「お客様が買いたいと思うようなキャンペーンをするこ

と」です。

この新生活キャンペーンはお客様が買いたいと思えるようなキャンペーンになっているでしょうか。

これが化粧品会社ではなく、家具や仕事用スーツを売る店であれば「新生活キャンペーン」もわかります。

引っ越しや就職などをきっかけに家具やスーツを購入するからです。

しかし化粧品の場合、「4月で環境が変わるから化粧品も変えよう！」と思う人はあまりいないはずです。

直木さんは他の業界が新生活キャンペーンを行っているのを見て「ウチの会社でもやってみよう」と安易に思ってしまったのかもしれません。

ちなみにこれは「うまくいっている他の会社もある」ことだけを根拠にした、残念な考え方4「弱い原因を唯一と決めつけてしまう」でもありますし、残念な考え方9「一般論や多数派に流されてしまう」とも類似します。

売上を増やしたい「目的」に対し、新生活キャンペーンは化粧品会社の「行動」としてはあまり適してはいません。

目的のために行動するはずが、行動それ自体が目的になってしまう、あるいは行動が大変すぎて挫折してしまう、等は実際にもよくある現象です。

ロジカルの基本は「適切な目的に対して適切な行動をとる」です。

今やろうとしていること、その目的は適切か？　そして、その目的を達成するのに適切な行動か？　と考えるクセをつけましょう。

A

直木さんのロジカルな解答例

新生活キャンペーンは、特に就職する大学生・高校生をターゲットとします。メイクに不慣れな学生向けにメイク教室を開催したり、仕事用スーツの販売店とタイアップして職場に合うメイクを紹介したりします。学生のメイクから仕事のメイクに切り替えたいという「目的」に対し、その目的を達成する

ために我が社のメイク教室に通うなどの「行動」をご紹介すれば、目的と行動が合致していると思います。我が社の春の売上を伸ばしたい「目的」に対しても、このキャンペーンは「行動」として適切です。

第2章

残念な考え方

深く考えていない

残念な考え方 6

抽象的な言葉を使ってしまう

直木 論田部長、札幌出張お疲れさまでした。先方の谷井百貨店さんの反応はどんな感じでしたか？

論田 北海道には初出店だから、すごく乗り気だったわ。具体的に出店場所と掛け率も決めてきたし、次は販売スタッフの採用に取り掛からないと。はい、これはお土産の『白い美人』よ。

直木 ありがとうございます、いただきます！　モグモグ……。

論田 ちょっと、今ここで食べるの？　それはそうと、私の出張中に何かあった？

直木

ええと、昨日から本急百貨店で催事が始まったのですが、今のところ好調ですね。それと、研究所からファンデーションの試作品の製造をちょっとペンディングにすると連絡がありました。なんでも高機能化するのに問題が発生したと。モグモグ……。

論田

直木さんのその報告、残念ながらロジカルではないわね。それと、お菓子を食べながら話すのはやめましょうね。

Q

直木さんの非ロジカルな点はどこでしょうか？
どうすればロジカルになるでしょうか？

ロジカルで大事なのは、言葉の解釈の幅がなく、誰もが同じ意味でとらえられることです。「とても」「かなり」などの言葉やカタカナ語、響きはいいが具体性に欠けるビジ

ネス用語などを多用すると、相手には正確に伝わらない恐れがあります。

「なるはやでお願い」
「社員のエンゲージメントは良好です」
「生産を効率化できます」

ついこのような言い方をしてしまわないでしょうか。これらの表現の問題点は、抽象的であることです。

「なるはや」とはどの程度早く？　エンゲージメントとは具体的に何のこと？　効率化とは何を指すのか、早く作れる、それとも安く作れる、あるいは少ない人数で作れる？

よりロジカルにするためには次のような表現が望ましいでしょう。

「30分以内でお願い」
「社員の会社への愛着や思い入れの強さは基準よりも良好です」
「生産にこれまで4時間かかっていたところ3時間で可能です」

当初の表現は人によって解釈が異なる可能性があります。

言葉の受け取り方が人によって異なると、相手は伝えた側の意図とは異なる行動をしてしまうかもしれません。

意味の解釈の幅が広い言葉は「浅い」言葉であり、ロジカルであるとは言えません。

これが残念な考え方6「抽象的な言葉を使ってしまう」です。

ロジカルに深く考えることができれば、後者のように具体的かつわかりやすく相手に伝えられます。

抽象的な言葉を脱して深くロジカルに考えるポイントは3つ、「数字を使う」「カタカナ語に頼りすぎない」「中学生でもわかる言葉を使う」です。

①数字を使う

「多くの来場者」よりも「20万人もの来場者」の方が具体的でわかりやすく、人によって解釈が異なることもありません。

数字に置き換えるクセをつける、それがロジカル思考のための第一歩です。

ではあらゆる要素を数字にすればいいのかというと、必ずしもそうではありません。

数字を用いるときは以下の３つに注意が必要です。

1.重要な数字のみ使う

次のどちらの文章がわかりやすく、印象に残るでしょうか。

ⓐ　このレシピサイトは３２０６ものレシピが掲載されています。そのうち和食が１８４９です。

ⓑ　このレシピサイトは３２０６ものレシピが掲載されています。そのうち和食が１８４９、イタリア料理が５７４、フランス料理が３９１、中華料理が２４９、スペイン料理が１４３です。

ぱっと見で印象に残るのは明らかにⓐです。

ⓑは確かに詳細な内訳がわかって親切なのは間違いありません。

しかしこのような細かい情報が必要ならば、別の表をつけるなどした方がよいでしょう。親切心で数字を細かくしすぎると、かえって相手には伝わりづらくなります。

数字を使うことは具体的にするために有効ではありますが、ただ列挙すればよいわけではないことに気を付けましょう。

ⓐの文章も、場合によっては「約３２００のレシピがあり、その半数強が和食です」とまとめるとさらにわかりやすくなります。

2. わかりやすい数字に置き換える

広い土地を「80万平方メートル」と言われてもピンと来ません。

それよりも「東京ドーム17個分」と表現した方がわかりやすく伝わります。

ただしスポーツ等に興味がないと、東京ドーム○個分という表現でもわかりにくいと感じる人もいるでしょう。

その場合は他の馴染みのある施設や「縦横９００メートルの正方形の土地とほぼ同じ」など、わかりやすく置き換えましょう。

機械の性能について伝えたいときは、「この機械は効率化に役立ちます」を「この機械はヒト3人分と同じ働きをします！」など、わかりやすい数字に置き換えると相手に伝わりやすくなります。

他にも「月８８００円」の料金を安く感じさせるために「１日あたりに換算すると２８４円です、コーヒー１杯分くらいでそんなに高くないですよね」などと置き換えることがあります。

分割して置き換え、かつ身近な商品であるコーヒーと比較することで、それほど高くない印象を与えることが可能になります。

3. 他の数字と比較する

数字の大小は、基本的に他との比較で決まります。

アメリカ人のパスポート保有率はどれくらいだと思いますか？

答えは約45％です。

ではそれに対して、日本人のパスポート保有率はどれくらいでしょうか。

一般的に他国に関心が薄いと言われるアメリカ人で45％だから、日本人は60％くらい？　と思いきや、なんと約25％です。

約25％だけでも低いとは感じますが、「アメリカ人よりもさらに低い」とわかることでさらにその低さが際立って感じられます。

私が商談で「この商品のリピート率は高くて、４割もあるんですよ」と誇らしげに語ったら、相手はキョトンとして無反応だったことがありました。

そのカテゴリーの他の商品のリピート率は良くても1～2割で、4割は驚異的な数字です。しかし相手はその知識がなかったので、4割という数字を特にすごいと感じなかったのです。「通常のリピート率は良くても1～2割なのですが、これはなんと4割です」ときちんと「比較」で伝えるべきでした。

②カタカナ語に頼りすぎない

会話や文章でカタカナ語が多すぎると「この人、本当にわかっているのかな？」「カッコつけているだけじゃない？」とマイナスの印象を与えてしまいます。

また「今の言葉、意味がわからないけど恥ずかしくて聞けない……」と相手を萎縮させることもあります。

カタカナ語は便利ですが、よほど浸透しているもの以外は使わないようにします。たとえば次のように言い換えるとよいでしょう。

シナジー → 相乗効果

リスクマネジメント→危機管理
バッファ→予備、余裕
ペンディング→保留
アテンド→接待、案内、同席
フィックス→確定

ただし、ある程度は誰もが意味を理解している言葉や、同じ業界内であれば必ず伝わる用語であれば、使ってもよいでしょう。

たとえば予定の再設定を意味するリスケ（リスケジュール）は、ウェブ制作や出版関連など、中長期のスケジュールで動いている人ならばほとんどの人が知っているはずですから、使っても問題ないでしょう。

一方で、日本語にするのが難しい、もしくは日本語では表しづらい概念を表現する際にカタカナ語は便利です。

例として、「アクションラーニング」は「グループで現実の問題に対処し、その解決策を立案・実施していく過程で生じる、実際の行動とそのリフレクション（振り返り）

を通じて、個人、そしてグループ・組織の学習する力を養成するチーム学習法」のことです（日本アクションラーニング協会より）。

簡単に言うと、企業の業務と研修の両方を結びつけて取り組むグループワークのことです。

この場合、一語でぴったり表す日本語がないため、アクションラーニングとは何かを説明し、その後はアクションラーニングという言葉をそのまま使ったほうがよいでしょう。

③中学生でもわかる言葉を使う

研修で受講者に商品企画を考えてもらうと、たいてい「高付加価値（化）」という言葉が出てきます。そこで私が「では、高付加価値とは具体的にどういうことですか？」と受講者に聞くと、たいていの場合うまく答えられません。

「高付加価値」はなんとなく響きのいいビジネスっぽい用語であるため、そこで思考を止めてしまうのです。

しかし「高付加価値とは何か？」「その高付加価値にするために具体的に何をするの

か？」にきちんと答えられなければ、ロジカルであるとは言えません。

そのような場合、私はよく「中学生でもわかる言葉を使ってください」と言います。人によっては「5歳児でもわかるように」と言いますが、さすがにビジネス上のやり取りではそこまで対象年齢を下げる必要はないと思います。

中学生に伝わる内容であれば、たいていの大人には伝わるからです。

さらに、抽象的な言葉に気をつけるだけでなく、相手にわかりやすく伝えたつもりの言葉が、本当に相手にとってわかりやすいものになっているか注意が必要です。

私が新入社員研修で文章の書き方について教えていたときのことです。

「文章は起承転結が大事、と言われますが、ビジネス文章にはあまり適していません。起承転結とは、わかりやすく言えば水戸黄門のストーリーようなものです。まず『起』は黄門様ご一行が村にやってきて事件が起こる。そして『承』はその事件が進展し、悪代官が黒幕だとわかる。そして……」

ここまで話して、受講者の反応が乏しいことに気付きました。

新入社員は世代的に、水戸黄門のことをよく知らないのです（２０１１年にテレビ放送終了）。

物事を置き換えて「たとえ」で伝えるなら、相手にとってわかりやすいたとえを用いなければなりません。

言葉が抽象的、すなわち**①数値化されていない　②カタカナ語に頼りすぎる　③わかりにくい単語やたとえを使う**　だと、ロジカルな思考にはなりません。

直木さんの「催事が好調」「ちょっとペンディング」「高機能化」などは、あまりロジカルな言葉遣いであるとは言えません。

ロジカルな思考のためには、抽象的ではない、相手が同じことを想像できる具体的な言葉を使うようにしましょう。

A

直木さんのロジカルな解答例

直木

昨日から本急百貨店で催事が始まりました。目標客数一日あたり２００人に対し、それを２割上回る２４０人の来客があり、好調です。それと、研究所からファンデーションの試作品の製造を１週間延期してやりなおすと連絡がありました。開発した黄色の色素の安定性に問題があるのと、開けやすく改良した容器のフタが壊れやすいのが理由だそうです。

残念な考え方 7

意識の問題にしてしまう

論田　急に呼びつけて、どうしたの？

直木　論田部長、やばいっす。このままではロジカール化粧品の危機です！

論田　だから、何があったの？

直木　一番のお得意先である帝王百貨店様から電話があったんです。最近、お客様からウチの販売員についてのクレームが相次いでいると。

論田　えっ、そうなの！　それはマズイわね。それで直木さんは何て答えたの？

直木

再度、販売員の教育を徹底しますと答えました。

論田

これからどう教育するつもりなの？

直木

接客に大切なのはおもてなしの心です。販売員はそれを忘れてしまっているのではないでしょうか。お客様へのおもてなしの心を持ち、誠意ある接客をきちんと徹底するよう、指導したいと思います。

Q

直木さんの非ロジカルな点はどこでしょうか？
どうすればロジカルになるでしょうか？

「気をつける」「意識する」「注意する」……これらの言葉を無意識に使い、それで対処したつもりになっていないでしょうか。頭で考えるだけでは、物事は変化しません。

頭の中の意識で終わらせず、具体的な行動にすることが大事です。

①「意識する」だけでは状況は変わらない

「今後このようなことが無いよう、再発防止に努めてまいります」

このような謝罪の文章を読んだことがないでしょうか。これを読んで私はこのように思います。

「で、その再発防止のために何をするの？」

「再発防止に努めよう」、このように意識するだけでは何も変わりません。

謝罪文には具体的な再発防止策が書かれておらず、これだけだと謝る「姿勢」はわかりますが、具体的な「行動」がわかりません。

もしかしたら何もしないのでは？　謝るポーズを取っているだけでは？　こう思われても仕方ありません。

私がコンサルティングを行った企業でのことです。

社員が外部の技術研修を受け、私がその報告書を読む機会がありました。そこには次のように書かれていました。

「研修で学んだことを仕事に生かしていきたいです」

そこで私はその社員に（あえて意地悪に）こう聞きました。

「研修で学んだ『何を』『どんな仕事や場面で』『どのように』生かすんですか？」

するとその社員は「あ、いや、その……」と口ごもってしまいました。

具体的にいつ・何を・どうする、と行動に落としこんで実行しなければ意味がありません（いつもこう聞くわけではありません。経営者から「厳しめでお願いします」と要求があり、このような質問をすることも経営者の許可を得ています。念のため）。

具体的に何をどうする？　モヤモヤ……

「○○を今後に生かしたい」、この言葉は耳あたりはいいのですがおそらく当の本人はそのことを翌日には、いや数時間後には忘れてしまっているのが現実です。

これが残念な考え方7「意識の問題にしてしまう」です。

私たちはダイエットに失敗すると、「意識の弱さが原因だ」と意識を犯人にしてしまいがちです。しかし、ダイエットをがんばろうと「意識」しただけでは成果は生まれません。

食事のカロリーを管理して一日の基準量に抑える、毎日1時間ウォーキングするなど、具体的な「行動」をするからこそ望ましい成果が手に入ります。

②「頑張る」は行動ではなく意識にすぎない

本来ならば「行動」が重要であることに対し、それを気持ちや態度など「意識・意欲」の問題にすり替えてしまっていないか、気をつけましょう。

特に私達は「一生懸命がんばっている人」「意欲的に取り組んでいる人」は無条件に称賛し、反対に意欲がなさそうに「見える」人はそれだけで非難してしまいがちです。

上司

キミ、先月の営業成績はなんだ！　目標の半分じゃないか！

部下

すみません、反省しています！　今月は心を入れ替えて、全力で取り組んでなんとしてでも目標達成します！

上司

ウム、今月こそは頑張れよ！

こんな会話をしていないでしょうか。おそらくこの部下は、今月も目標達成はできないでしょう。

本来はなぜ先月に目標を達成できなかったかを分析し、それを今月の行動に落とし込まなければなりません。

・訪問件数が少なかった↓（対策）訪問件数を増やす

・ニーズの掘り起こしが十分でなかった↓（対策）他の社員から効果的にニーズを掘り起こせる商談のやり方を学ぶ

このように原因と対策を考えず、単に頑張るだけでは成果にはなりません。

しかし、もしも「先月の未達の要因を分析すると……それに対して今月は……」などと考察すると、「つべこべ言わずに足で稼いで来い！」などと怒鳴りつける上司が多いのも事実です。他者に対して、その人の意識や意欲だけで良し悪しや可否を判断していないか、それも同時に気を付けなければなりません。

特に意識と行動を切り分けることが大切です。

「注意する」「気を付ける」などは意識であり、行動ではありません。

改善のための提案書の中に注意する・気をつけるなどと書いてあったら私はこう言います。

「注意する・気を付けるは行動ではありません。それを行ったかどうか、後から本人含め誰も確かめることができないからです。する・しないが第三者から見ても明らかなこと、それが行動です」

③ 5W1Hで具体的に指示や依頼をする

さらに、単なる意識や意欲の問題に終わらせず、**実際に行動に移すために重要なのは「誰もが同じ行動ができる」ことです。**

冒頭の会話で直木さんは「おもてなしの心が大切」と言っています。

一時期、この「おもてなし」は流行語になりました。

このような流行の言葉こそ、立ち止まって冷静に考えることがロジカル思考には大切です。あなたは「おもてなしの心を大切にしなさい」と言われて、適切に「行動」できるでしょうか。

おもてなし、は解釈の幅が広い言葉です。

「店員に手取り足取り、こちらの行動を予測して何でも先んじてやってもらいたい」という人もいれば、「店では放っておかれたい、よかれと思って店員さんがあれもこれもしてくるのはかえって迷惑」という人もいるでしょう。

だからといって「お客様が何か言わなくても希望を察知して完璧に行動しよう」とするのも、超能力者でもない限り無理でしょう。

「おもてなしの心」、それ自体はよい心がけですが、スタッフが同じように行動できなければ意味がありません。

行動が具体的でなければ動けない、これは相手に行動を依頼する場合も同じです。

あなたの周りに物事を直接言わず、遠回しに伝える人はいませんか。

私は先日、知人から夢の実現について相談を受けました。

彼の話は唐突に始まって「〜なのが困ってるんですよね……」「〜っていう状態に陥ってしまっているんですよ……」とボソっと言うだけで終わってしまいます。

「これについて、アドバイスをもらえないか」「いいアイデアはないか」などと言われたら、私も答えようがあります。

そういった質問もなく、ただ状況だけを話されても、とりあえず聞いてほしいのか、何か解決策を求めているのか、こちらはわかりません。直接相手に要求するのは失礼、と遠回しに「察する」ことを求める人がいますが、それはかえって相手を困惑させる失礼な行動です。「私は、あなたにこうしてほしいんです」ときちんと「行動」を求める依頼やお願いをしましょう。

意識や意欲ではなく行動する、もしくは行動に移してもらうために大事なポイントは、そこに５Ｗ１Ｈがあるかをチェックすることです。５Ｗ１Ｈは次の通りです。

When：いつ
Where：どこで
Who：誰が
What：何を
Why：なぜ
How：どのように

これを「旅館のおもてなし」に当てはめてみます。すると、次のように「行動」することができます。

フロントの担当者は（誰が）、
お客様を視認したら（いつ）、
旅館の玄関に移動し（どこで）、
笑顔で90度のお辞儀をし（どのように）、
お客様をお出迎えしましょう（何を）。
最初の対応でお客様の旅館全体への印象が決まるからです（なぜ）。

意識を行動に変えるには、この５Ｗ１Ｈを全項目に渡って埋めることができているかを確かめてみてください。

さらに、この５Ｗ１Ｈに次の項目を加えて７Ｗ２Ｈとすることもあります。

Which：どれを、どちらを
Whom：誰に
How much：どのくらい

直木さんは帝王百貨店から告げられたお客様のクレームに対し、「おもてなしの心を持つこと」「誠意ある接客をきちんと徹底すること」で対処しようとしています。

しかしいずれも具体的ではなく、これでは論田部長としては何を・どのように行うのか把握できません。

また、クレームの詳細を把握していないのに「おもてなしの心が足りないからだ！」と原因を決めつけてしまうことは、残念な考え方3「誤った原因に飛びついてしまう」にも当てはまります。

原因を探り、その原因に対して具体的な「行動」で対処する、このプロセスを経ることがロジカル思考には必要です。

A

直木さんのロジカルな解答例

直木

帝王百貨店からのクレームは、「販売員から強引に売りつけられた」というお客様からの相談が一週間で3件もあったことでした。それに対して教育・

制度両面から見直して改善します。教育面では、ロールプレイ（模擬接客）を教育制度に組み込み、強引な接客をしていないかチェックします。一方、制度面では現在の売上目標が販売員のプレッシャーになっている可能性があるため、今週の教育会議で話し合って今後の継続もしくは制度の変更などを決定します。

残念な考え方

8

わずかな経験を重視しすぎてしまう

論田　ではこれから、新商品のアイシャドウの広告宣伝について会議を始めます。

直木　はいっ！　はいっ！　部長！

論田　直木さん、ちゃんとあなたの発言の機会は用意してあるから慌てないでください。でもそんなに意気込んでいるならお先にどうぞ。

直木　今回の広告は、辛口美容研究家の朝倉チャーリーさんにイメージキャラクターをお願いしたらどうかと思います。朝倉さんに宣伝してもらえたらバッチリですよ！

論田

どうしてそう思うの？

直木

昨年、我が社のシートパックを朝倉さんがインスタグラムで取り上げてくれて、それをきっかけに大ヒットになったじゃないですか！　辛口の朝倉さんの情報なら信頼できる、ってみなさん思ったんですよ。宣伝料も払っていないのに、朝倉さんさまさまですよね。だから朝倉さんを宣伝キャラクターにしたら大ヒット間違いないと思います。

論田

確かに昨年、朝倉さんをきっかけにシートパックがヒットしたのは間違いないわね。でも、今度のアイシャドウもそうなるのかしら。

Q

直木さんの非ロジカルな点はどこでしょうか？
どうすればロジカルになるでしょうか？

経験から学ぶ、それ自体はとても有効です。しかしその経験は「一般化」してよいでしょうか。「再現」ができるでしょうか。経験そのものは事実でも、そこに解釈が加わることで自分に都合のいい評価や過大評価をしてしまっていないか、注意しましょう。

◇アレオレ詐欺に要注意

過去の武勇伝や仕事の実績をやたらと自慢する人、あなたの周囲にはいないでしょうか。そういう人は周囲が「またその話か……」と鼻白んでいることに気づかず、「だから私はスゴい」と吹聴し続けます。

コンサルタントの世界でも、セミナー等の自己紹介で毎回「世間で話題になったアレ、実はオレがやったんだ」と自慢する人がいます（もちろん女性にもいます）。

そういう人を揶揄して「アレオレ詐欺」なんて言葉がかつて流行しました。

また、会社の上司と部下の関係でも、上司が昔の実績を引っ張り出して「オレがこの件で成功したのは必死に努力したからだ。それに比べてお前の努力はまだまだだ」のように言う人もいます。

そのように言う人は確かに過去、大きい成果を出したのかもしれません。

しかし大事なのは「今」、そして「これから」何をするかではないでしょうか。

いつまでも昔はすごかった、オレはこんなに苦労して努力した、と過去のことを自慢するのではなく、これから自分は何ができるかを語ってほしいものです。

過去の栄光にすがって昔話ばかりしていては、残念な考え方扱いをされても仕方ありません。

しかもその「アレはオレがやった」自体が眉唾ものなこともあります。

一般的に企業や組織のプロジェクトには非常に多くの人が関わっています。

過去の成功について、本当にその人が中心だったのか、その人がいなければ成り立たなかったのか、断言できるでしょうか。

「〜は私の発案です」のエピソードも、その発案を形にしてくれる別の人がいたからこそ実現したのです。

数多くの人が関わった出来事について、「アレはオレがやった」のように単純化してしまう考え方は、ロジカルではありません。

そのためテレビや雑誌でよくある「ヒット商品誕生秘話」のようなストーリーも、話半分で聞いておくべきで、あまり真に受けない方がよいでしょう。

確かに「ある社員のひらめきや熱意から誕生した」、それは事実なのかもしれません。

しかしそれを形にして製品化した人、店頭までの流通に乗せた人、宣伝を考えた人など、様々な人が関係し、数多くの要素が重なり合ってヒット商品に至ったはずです。

さらに、ではそのヒットメーカーの社員が第2・第3のヒット商品を生み出せたかというと、残念ながらそのような話はあまり聞きません。


重要なのは一度のホームランよりも「再現性」です。

過去の成功から、成功の法則を見つけ、それによって次からの成功の確率を高めることが出来るならば、それは再現性があると言えます。

しかし成功の要因の多くは「運」すなわち「たまたま」です。

それにも関わらず、人は残念な考え方4「弱い原因を唯一と決めつけてしまう」にもあるように、もっともらしい原因を「探して」しまい、「これがヒットの法則だ」「それを見つけたこの人はヒットメーカーだ」と結論づけてしまうのです。

過去に成功した経験について、再現性が薄いのにも関わらず「ヒットのコツはこれだ」のように要因を決めつけてしまったり、自分のわずかな経験を一般化してあらゆる対象にあてはめたりすること、これが残念な考え方8「わずかな経験を重視しすぎてしまう」です。

後付けでしたり顔で語ることは誰にでもできます。

そこに再現性がなければ単なる感想であり、ロジカルであるとは言えません。

なぜ人は「再現性がない」「わずかな経験にすぎない」ことも「これが法則であり、真実だ」と思い込んでしまうのでしょうか。

そこには3つの「すり替え」があるからです。

1. 解釈のすり替え

これは一般的に認知的不協和と呼ばれ、イソップ童話のキツネの話が有名です。

お腹が空いたキツネは、ブドウが木になっているのを発見します。

ブドウを食べたいのですが木の高いところになっているので背が届かず、食べることが出来ません。

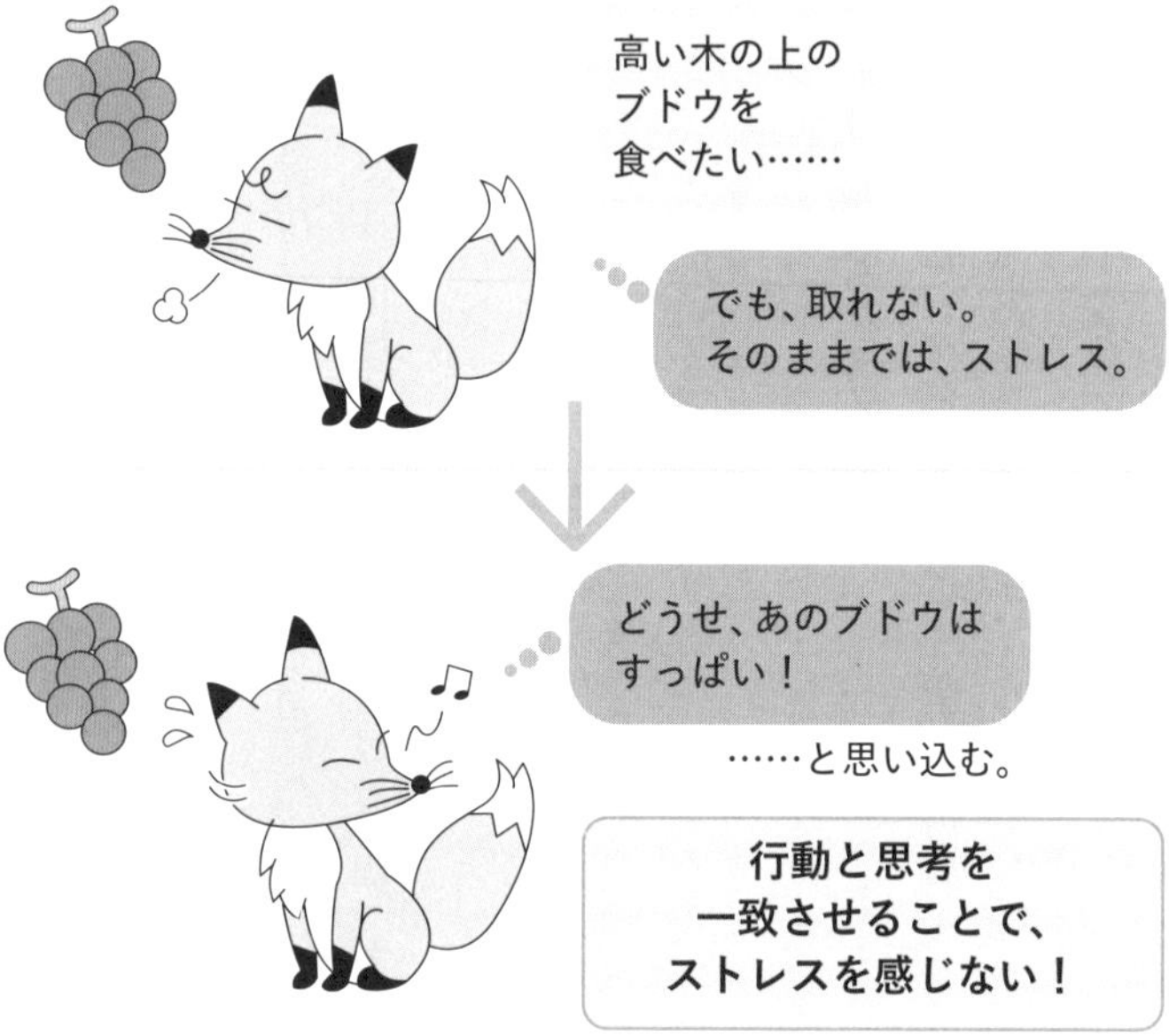

そこでキツネは「どうせあのブドウはすっぱくてまずい」と思うことにします。

食べたいのに手に入らないのはストレスです。しかし行動を変える（＝ブドウを手に入れる）ことは困難です。そこで思考を「すっぱいはず、食べたくない」と変えることでくやしい思いをせずに済むのです。

私達は、自分の行動と思考が一致しないとストレスを感じます。

しかし行動を変えるのは大変なので、思考を変えることで行動と思考を一致させ、ストレスを感じにくくします。

これが認知的不協和です。

自分の気持ちや感情、ものごとの解釈は自分の心の中で自然に生み出されたものであり、もともと自分の考えだと思いがちです。

しかしキツネの例のように、私たちは解釈ですら自分の行動と一致するように無意識に修正してしまうのです。

代表的な例が「運動部の体罰の是非」です。

中学・高校の運動部で厳しい練習や体罰などが問題になると、必ず「でも自分はそのおかげで成長できた。確かに非科学的でむちゃくちゃなことをやらされて当時は逃げ出したかったが、その厳しさのおかげで精神面を鍛えられた」と言う人がいます。

当人は本心からそう言っているのでしょう。

しかしこれも「認知的不協和」、すなわち解釈のすり替えの可能性が高いでしょう。

なぜなら、もし「過去の体罰や非科学的な練習には意味がなかった」と認めてしまうと、その苦しみに耐えた自分の行動と整合性がなくなってしまい、ストレスとなるからです。

過去の「行動」は変えられません。

しかしそれに意味はあったと「解釈」は変えられます。だから実際はどうであれ「厳しい練習や体罰のおかげで成長できた」と思ってしまいます。

このように、物事をどう思うかの解釈は無意識のうちにすり替わってしまうのです。それによって「あの苦労が、私の成功につながった。それに比べて苦労していないお前はダメだ」の発想を生んでしまいます。

2. 記憶のすり替え

自分の記憶なんだから間違ったり入れ替わっていたりするはずがない、そんな風に思っていませんか。

ところが、確かだと思っている自分の記憶も実はあいまいなものです。

私はある日、家族を乗せて車を運転していました。たまたまある専門学校の近くを通り、「そういえば、ここが資格試験の会場だったな。ここで夏に試験を受けて、暑かったな」私はふと当時のことを思い出してそう言いました。

すると助手席の妻が言いました。「何言ってるの、あなたが資格試験を受けたのは東京に住んでいたときでしょ。ここじゃないでしょ」と。

記憶そのものが入れ替わっていることがある！

あっ、そう言えばそうだ、と気付きました。

しかし私は夏の暑い時期に専門学校の教室で資格試験を受けた記憶があります。頭を巡らせ、ようやく思い出しました。私はその通りかかった専門学校で資格試験の試験監督を担当したのでした。

受験生としての立場ではなく、試験監督として関わっていたのに、そこで試験を受けたと記憶が入れ替わっていたのです。

犯罪の目撃証言でも同じことが起こるのだそうです。

目撃者は、自分では目撃したことを正直に話すつもりでも「自分の証言を多くの人に期待されている、とても大きい影響がある」と思うと気分が高揚し、嘘をつくつもりがなくても実際に目撃したことと異なることを口走ってしまうのだそうです。

「あの商品がヒットしたのは私がアイデアを出したから」「アレをやったのはオレ」、もしかしたらその記憶自体がすり替わっている可能性もあります。

3. 体験から一般化のすり替え

私達は体験から数多くのことを学びます。

料理を黒焦げにしてしまったら「火が強すぎたな、もっと弱火にしよう」と考えますし、仕事で忘れ物をしたら「次はチェックリストを作ってそれを事前に確認して忘れ物を防ごう」などと対処します。

体験をすることで、そこから成功や失敗の教訓・法則を蓄積し、私達は成長します。

しかし、その自分の体験をすべてだと思い込み、一般化しすぎないよう注意する必要があります。

私は20代の頃、低炭水化物ダイエットをしたことがあります。

当時アメリカで流行りだしたので、試しにやってみました。すると、もともとさほど太っていないにもかかわらず、5kgやせることに成功しました。

「なんだ、ダイエットって簡単じゃないか。私はいつでもダイエットしようと思えばできる」それから十数年が経過しました。

私はお腹の肉をつまんで「私は昔、ダイエットに成功したんだ。やろうと思えばいつでもできる。だから今はお菓子を食べてもいいや」と考え、ダイエットしないまま年月が流れています。過去の成功体験が自分を過信させているのです。


体験は確かに重要です。

しかし体験を「すべて」にしたり「一般化」したりすることは危険です。

その体験はあなた固有の偶然のできごとかもしれません。

「○○という結果を得られたのは、××をしたからだ。自分が体験したから間違いない」と思っていても、それは残念な考え方4「弱い原因を唯一と決めつけてしまう」のような「弱い原因」かもしれません。あるいは、残念な考え方2「良い結果だけ期待してしまう」のように、そのときはたまたま良い結果だっただけで、実は違う結果につながっていたかもしれないのです。「私はこう考えて商品がヒットした、だからこれがヒットの法則だ」「私はこうやって営業に成功した、だから私の営業手法を真似しなさい」と言う人は、体験を一般化しすぎているかもしれません。


直木さんの提案「辛口美容研究家の朝倉チャーリーさんをアイシャドウのイメージキャラクターにする」について考えてみましょう。

直木さんは「昨年は同氏きっかけにシートパックがヒットした、だから同氏は信頼度

自分の経験を一般化しすぎない！

も高い、すなわち宣伝に最適である」、これ自体はそれなりにロジカルであるように思えます。

しかし昨年のその「経験」を今年のシートパックにも一般化してよいのでしょうか。

同氏を広告に起用することでそのシートパックのヒットを再現できそうでしょうか。

昨年、同氏がインスタグラムにシートパックを無償で掲載し、その結果ヒットにつながったことは事実のようです。

それを見た人にとっては、インスタグラムの情報であることで宣伝と感じず「辛口のこの人が言うなら間違いない」と情報を信頼し、それが購入につながったと考えるべきでしょう。

ということは、もし広告のイメージキャラクターとして起用したら、消費者の印象は異なるでしょう。「そりゃ広告だもん、いいことを言うに決まってるよね」と受け止められてしまうかもしれません。

これでは前年の成功例を再現できるとは思えず、ヒットの確率は低くなるでしょう。

A

直木さんのロジカルな解答例

昨年のシートパックは、商品の良さを朝倉さんが自然な言葉で紹介してくれることでヒットにつながったのだと思います。朝倉さんの率直な感想が消費者に信頼され、それが口コミで広がったのでしょう。だから昨年のヒットを再現する確率を高めるには、このアイシャドウは広告に朝倉さんの感想をそのまま使うのはどうでしょうか。

残念な考え方
9

一般論や多数派に流されてしまう

直木　ロンリーヌが秋に発売を予定している新商品のプロモーション企画ってもう決まったんでしたっけ？　そろそろ決めないとヤバいですよね。

論田　あなたの言葉遣いがヤバいのも相変わらずね。何かアイデアはあるの？

直木　やっぱ限定品っすね。みんな限定品に弱いじゃないっすか。去年もやってなかなか好評でしたし、今年も限定品を用意した方がいいと思います。

論田　うーん、限定品ね……悪くないけど……。

直木

他にはコラボカフェなんてどうですか？　よく自動車メーカーや映画会社が人気のカフェとタイアップしてコラボカフェやってるじゃないですか。競合の化粧品会社のハチシタンは自前でカフェを経営しているくらいですし。ロンリーヌも秋の新商品をいろいろ試せるロンリーヌカフェなんてどうでしょう。

論田

限定品にカフェねぇ……。

直木

論田部長、また「それはロジカルじゃない」とか言い出すんですか？　でも、他のメーカーもやってるってことは効果があるからやってるんじゃないですか？　じゃあ、ちゃんと効果が見込めるわけで、ロジカルっすよね。

論田

他もやっているからいいはずだ、ってそれは本当にロジカルと言えるのかしら？

Q

直木さんの非ロジカルな点はどこでしょうか？
どうすればロジカルになるでしょうか？

「反対意見がない意見」だからといってそれが「良い意見」とは限りません。つい私たちは過去の事例でもそうだったから、みんながそう言っているから、などと先例や多数決を重視しがちです。しかしそれが本当に最良か、慎重に検討する必要があります。

①それは本当に重要ですか？

あなたに質問です。

Q．日本は人口減への対策に取り組むべきだと思いますか？

おそらくほとんどの人が「はい」と答えるはずです。ではもう一つ質問です。

Q．なぜ日本は人口減への対策に取り組むべきなのですか？

これには様々な答えがあると思います。

「人口が減ったら国内の消費が減少し、経済が落ち込むから」「年齢構成がいびつになり若年層の社会福祉の負担が増すから」などがよくある答えでしょう。

ではさらに次の質問に答えられるでしょうか。

Q．日本よりはるかに人口の少ない北欧諸国やオランダは、一人あたりＧＤＰや生産性で日本を上回っています。人口が少ない＝良くない、とは限らないのではないでしょうか？　本当に人口減への対策に取り組む必要はあるのでしょうか？

こう問われるとどうでしょうか。

本当に人口減は良くないことなのか？　人口が少なくても豊かな生活を送れている国はあるのでは？　と考えると、答えに詰まってしまうかもしれません。

確かに個人レベルで考えると、人口が減ったら通勤ラッシュなどの混雑は減るでしょうし、より広い家に住める可能性が高くなることも考えられます。

ここでは人口減が問題かどうかを問いたいのではありません。

私たちが「こういうものだ」と思い込んでいる一般論や多数派の意見のすべてが、必ずしもロジカルに導かれた結論であるとは限りません。

深く考えずに「普通はそうだから」「みんなそう言っているから」などと安易になびいてしまうこと、これが残念な考え方9「一般論や多数派に流されてしまう」です。

私が化粧品会社に勤務していた頃、出店している百貨店からはよく「ウチの百貨店だけの限定キットを作ってくれないか？」と言われました。

当然ですが化粧品はどこの百貨店で買おうが中身も価格も同じです。

だから「ヨソではなく、ウチの百貨店で買ってもらう」ために、ポーチなどのオマケをつけたウチだけの限定キットを、と要求されていたのです。

そのように考える百貨店の担当者の気持ちもわからなくもありません。

その担当者は上司に対して「化粧品ブランドにかけあって、ウチだけの限定キットを作らせました！」と成果を報告できるでしょうから。

しかしここで「本当にお客様はそのようなキットを喜ぶのか？」と「そもそも」に立ち返らなければなりません。

お客様は限定品を求める傾向がある、それは確かです。

「スノッブ効果」またはそのまま「希少性」と呼ばれるように、人は数が少なかったり手に入りにくかったりすると余計に価値を感じます。

一日5食しか売れなかったカレーに「一日20食限定！」とメニューに書き加えたところ、あっという間に20食売れてしまった、なんて例もあります。

有名な飲食店が閉店すると告知されると行列ができるのも、「もう食べられない」と感じて希少性が生まれるからです。

だからといって、ポーチをつけた程度の限定品にお客様が本当に喜ぶのかは疑問です。

そのような商品を買うお客様は、限定キットのメインの化粧品の元々のユーザーで、単に需要を「先食い」しただけの可能性が高いからです。

メーカー側としては、百貨店担当者の実績作りに付き合わされたようなものです。限定キットを要求した百貨店担当者に「なぜ限定キットなんですか？　他の案は考えたのですか？」と聞いても明確な答えはおそらく出てこないでしょう（テナント側のメーカーとしてはそんなことは聞けませんが……）。

②無条件の「いいこと」には思考が停止しがち

「限定キットを作ろう」のような一般論的な「いいこと」は、人を思考停止させてしまう恐ろしさがあります。

なぜなら、その「いいこと」に異論を唱えたり、もっと考えましょうと言ったりしようものなら、「こんなにいいことなのに反対意見とは何事だ」「じゃあもっといい案があるのか、言ってみろ」と非難されることがあるからです。

「いいこと」に反対する、それだけでヒール＝悪役になってしまう恐れすらあります。

誰も悪役にはなりたくありません。

だから一般的で表面的な「いいこと」には反対意見が出ません。

なぜならそれは「いいこと」だからです。そしてその「いいこと」による効果や成果があればよいのですが、効果ゼロ、下手をすれば逆効果になったときが悲劇です。

それは「いいこと」なので、誰も「やめよう」「やり方を変えよう」とは言い出さず、逆効果のまま継続されることすらあります。

特に製造業のカイゼン活動では注意が必要です。

よくあるのは「3S」に関する活動です。3Sとは整理・整頓・清掃のことです。

さらに清潔・しつけを加えた「5S」にすることもあります。

もちろんこの3Sや5Sの活動、それ自体は有益で素晴らしいことです。

しかし大事なのはそのやり方と効果です。

3Sを見直した結果、消耗品の不足や過剰在庫を防ぐため、消耗品の棚にラベルをつけて「この数量以下になったら必ず発注してください」と表示する取り組みを採用したとします。

それできちんと担当者が発注すればよいのですが、「発注せずサボる」「面倒なので部下に発注させる」「うっかり忘れる」、下手をすると「自分が発注担当になったらイヤなのでその消耗品を使う作業を後回しにする」などが起こってしまいがちです。

もしもこのような非協力的な行動が多いと、よい制度とは言えません。

しかし「消耗品の発注基準を決めてラベルを貼っておこう」というアイデア自体は前向きで悪くはないので、「でもいいことだから」と放置されがちです。

「いいこと」を理由に無条件で同意するのではなく、本当に効果があるかどうかで採用か不採用かを検討すべきです。

③無意識の常識に気づこう

一般論や多数派に従った方が、たいていはうまくいきます。

しかしそれはあくまでも傾向に過ぎません。当たり前のように思えることにこそ、**本当にそうか？　と考えるクセをつけましょう。**

太陽が地球の周囲をまわっているとする天動説も、筋力トレーニングのうさぎ跳びも、かつては誰もが信じる「常識」でした。誰もがなんとなくいいと思うことこそ疑いましょう。

あるスーパーマーケットで研修を行った際、受講者の社員のみなさんにそのスーパーでの販売促進の企画を考えてもらいました。

その結果、形式こそ違えど、すべての受講者の企画が「金銭的な得」、簡単に言えば「安さ」に関することでした。「１個で３００円、４個買えば１０００円」などです。

しかし私たち一般消費者は、安さ「だけ」でスーパーマーケットを選んでいるかといえば、必ずしもそれだけではありません。

品揃えの豊富さや鮮度なども重要な要素のはずです。

スーパーマーケット勤務の人にとっては人気の販促企画＝安さであり、安くなければ売れない、と刷り込まれているのでしょう。

確かに安さは誰にとっても「いいこと」です。

それに対して本当に買い物客は安さ「だけ」を望んでいるのか？　他にも大事な要素があるのでは？　と立ち止まって考えることが大切です。

直木さんは秋の新商品の企画として、限定品やコラボカフェを提案しました。

それら自体は過去に好評だったり、他社も実施していたりと、悪くないように思えます。しかしこの「悪くない」がポイントです。

「悪くない」ことは「良い」こととは異なります。

「反対意見がない」からといって「素晴らしく良い意見」ではないのです。

直木さんの企画は大失敗はしないでしょうが、少しでも良い企画にしようと考え抜かれているかというと、残念ながらそのようには感じられません。

「一般的にこうだから」「みんなそう言っているから」は、ロジカルな考え方として深いとは言えません。

大事なのは一般論や多数派の意見ではなく、個別に「これはこれ、それはそれ」と思考できているかどうかです。

特に「いいこと」には注意が必要です。「本当に正しいのか？」「最良の選択肢と言えるのか？」と一歩引いて冷静に考えることがロジカル思考において重要です。

A

直木さんのロジカルな解答例

直木

秋の新商品は、フルーツに着想を得たカラーで展開されています。フルーツのような色合いの美しさをお客様に感じてもらうことが重要だと考えます。そこで、単なるコラボカフェではなく、フルーツで有名な百疋屋のカフェとコラボしてはどうでしょう。カフェには化粧品と連動したオリジナルメニュ

ーを作ってもらいます。一方、化粧品をお買い求めの方には、カフェの限定メニューを注文できるチケットをお渡しします。そうすればカフェと我が社、お互いにメリットがあります。

残念な考え方 10

現実と願望を混同してしまう

論田

今、我が社では若者向けの新しい化粧品ブランドを開発中なわけだけど……直木さん、プロモーションの企画は進んでいるのかしら？

直木

はい、有名インフルエンサーの小沢ミズホさんに新ブランドを取り上げてもらえたらと思っています。

論田

ん？　それはきちんと報酬を支払って宣伝をしてもらうってこと？

直木

いえ、彼女は自身の動画サイトやソーシャルメディアで化粧品もよく取り上げて紹介しているんで、うまくやればウチの新ブランドも紹介してもらえるかなーと思って。

論田　……そのことは一旦置いておいて、他に企画はあるの？

直木　今、男性もメイク用品を使うようになっているのを部長はご存知ですか？　普通の男性向けファッション誌でも女性向けメイク商品が紹介されているんですよ。そこでウチの新ブランドも紹介してもらえたらと思ってます。

論田　それは、紹介してもらえることは決まっているの？　それとも紹介してもらうための仕掛け、たとえばイベントをやるとか考えているの？

直木　ちょっと部長、本当に男性がメイク用品を使うのはメジャーになってるんですよ？　信じてないんですか？　遅れてますねー。メイク特集の記事を掲載することになったら、ウチの新ブランドに注目するに決まってるじゃないですか。

Q

直木さんの非ロジカルな点はどこでしょうか？

どうすればロジカルになるでしょうか？


「そうであってほしい」願望が、いつの間にか「そうなるはずだ」と確信にすり替わってしまうことはないでしょうか。人は冷静かつ客観的に考えたつもりでも、自分にとって都合の良い結論を作り上げ、そうなる確率を実際よりも高く見積もってしまう傾向があります。

①空・雨・傘のフレームワーク

ロジカルに深く考えるために必須なのは、現実＝事実と願望＝意見を分けることです。

論田部長との会話における直木さんはその反対、残念な考え方10「現実と願望を混同してしまう」になっています。

現実と願望、事実と意見を分けて考えるためによく使われるフレームワーク（思考の枠組み）が、有名コンサルティング会社のマッキンゼー社が生み出したと言われる空・雨・傘の考え方です。

空（事実）……空に雲が出てきた。
雨（解釈）……おそらく雨が降るだろう。
傘（行動）……傘を持って行こう。

このように事実・解釈・行動が揃っていてそれぞれ妥当かを確かめる、それが「空・雨・傘」のフレームワークです。
このような考え方は、おそらくあなたも次の例のように日常的に行っているはずです。

空（事実）……夕食のメニューは3日間、お肉が続いた。
雨（解釈）……家族はみんな、お肉に飽きているはずだ。
傘（行動）……今日の夕食はお魚にしよう。

空・雨・傘の例も、夕食メニューの例も、いずれも当たり前のことでしかなく「これがどうしたの？」「こんなことが何かの役に立つの？」と思うかもしれません。

　空・雨・傘がフレームワークとして確立しているのは、それだけ意義があって役立つからです。では、どのように役立つのでしょうか。空・雨・傘のフレームワークが役に立つ理由として、主に次の3つが挙げられます。

1. 空・雨・傘のどれかが抜けている（十分でない）と解決には至らないから

あなたは飲食店の経営者で、お客さんが少なく困っています。

そこで「駅前でチラシを配ろう！」と思い立ちました。この解決法で本当によいのでしょうか。空・雨・傘で整理しましょう。


空（事実）……お客さんが少ない。

雨（解釈）……？？？

傘（行動）……駅前でチラシを配る。


この一連の思考と行動には「解釈」が抜けています。

お客さんが少ないことへの解釈、すなわち問題点に対する原因究明や仮説設定がされなければ適切な「行動」をすることはできません。

もしもこのお店の問題点が料理の味だったら、チラシで一度は来店してくれても再度来店してくれることはなく、問題は解決されません。

空・雨・傘すべてが揃い、かつ妥当であることがロジカルな思考には欠かせません。

2. それぞれを混同・勘違いしていることが多いから

製造業の方に「貴社はどのような強みでお取引先から選ばれていると思いますか？」と聞くと、多くの方が「技術力の高さ」と答えます。

実際に取引先に聞いてみると「納期を守るので」「価格が安いので」、ときには「近所だし古くからの付き合いでなんとなく」なんて答えの場合もあります。

自分たちが事実だと思っていることが実は事実ではなかったり、解釈も単なる願望や理想だったりすることが往々にしてあります。

事実・解釈・行動を切り分け、かつ正確に把握することは意外と難しいものです。

3. 結論ありきでそれに必要な情報を集めることが多いから

「ウチの会社はネットの使い方が下手だし遅れている、もっとインスタグラムとか使ったほうがいいのに……」そう思った若手社員は「インスタグラムの広告を活用すべきである」と考えました。

そしてインスタグラム広告が有効である根拠を集めようと、それに合致する事実＝「インスタグラム広告は有名なA社もB社も活用している」、解釈＝「だからインスタグラム広告は効果的なはず」と後から付け加えました。

本来ならば空→雨→傘の順番であるべきなのに、このように自分の望み通りの結論ありきで「傘＝行動」を設定し、それに合う事実や解釈を後からこじつける、こんな思考をついやってしまいがちです。

「傘＝思いついた行動ありき、根拠は後付け」にならないためにも、空・雨・傘のプロセスをチェックすることが有効です。

②事実と意見を切り分けることは難しい

一昔前、明治大学文学部教授の齋藤孝氏が提唱する3色ボールペン情報活用術が流行しました。これは以下のルールに従って読み進めながら線を引く読書のやり方です。

客観的に見て最も重要な部分：赤
客観的に見てそれなりに重要な部分：青
主観的に見ておもしろいと感じた部分：緑

ここでもポイントは「客観」すなわち自分の意見とは無関係な事実と、「主観」すなわち自分の考えや意見を区別していることです。

通常、読書をするときに主観や客観は意識しません。そこであえてこのように読むことで「自分の想像とは違っていたが、事実としては重要だ」「事実としての裏付けには乏しいが、考え方としては面白い」などと「事実」と「意見」を分けることができます。

このように事実と意見を分けることは、ロジカルな思考のために欠かせません。

3色ボールペン情報活用術が流行したのは、主観と客観を切り分ける重要性が認識されたからなのでしょう。

人は「こうであってほしい」という願望＝意見があると、それを事実と混同してしまう傾向があるのは、私も研修などで常々感じています。

ロジカルシンキングの研修で「日本の魚の消費量を増やすにはどうすればいいか」と

いう課題を出したことがあります（もちろんこれは非常に大きいテーマであり、個々の案の内容よりも思考プロセスの妥当性を見るための課題です）。すると、よく出てくる案が「魚についてもっと知らせる、周知徹底する」です。では本当に「魚について周知徹底」すれば魚の消費量が増えるのでしょうか。

「魚の存在を知らない人が多い」→「だから、魚を周知徹底すべきである」と矢印がつながっていればロジカルです。

しかし、日本で魚の存在を知らない人はほとんどいません。

だから「魚について知らせれば、魚の消費量が増える」のつながりには無理があります。おそらくぼんやりと「大事なのは宣伝だ」と思っていて、それが「知らせる」案になってしまったのでしょう。

肉好きの人にただ魚について知らせても「魚の存在は知っています、でも肉の方が美味しいから肉を食べます」で終わるだけです。

「もっと宣伝すべきだ」の結論ありきで、それが本来の事実である「魚の存在はみんな知っている」ことを無視させてしまうのです。

③都合の良い仮定を無意識に設定していないか

このような事実と願望の混同はしばしば発生し、私たちは**自分にとって都合の良い仮定を設定してしまいがちです。**

代表的なのが企業の「○周年キャンペーン」のような催しです。

あなたがひとりの消費者として、企業の「○周年キャンペーン」を見てどう思うでしょうか。よほど好きなお店やブランドなら「おめでとう！」と思うかもしれませんが、たいていは「へぇ、セールで安くなるのかな」くらいではないでしょうか。

ストレートに言えば企業の十周年、二十周年は消費者には「どうでもいい」のが本音だと思います。

ですが企業側にとっては大事なイベントですので、つい張り切ってしまいます。

消費者側が興味あるのはそれに付随するセールなのに、○周年自体に興味を持ってくれるはずだと勘違いしてしまうのです。

企画や商品を考える研修でも、受講者が自分たちに都合の良い条件や状況を勝手に設定するケースがしばしば見受けられます。

「この先、○○が流行します！」などと都合よく流行が発生する仮定をする人さえいます。

現実と願望を切り分けて区別することはロジカルな思考の第一歩です。

特に企業が好調なときほど要注意です。好調だと「だから次の新商品も売れるはずだ」と考え、お客様が「買わない理由」ではなく「買う理由」を無意識に探してしまうからです。残念な考え方４「弱い原因を唯一と決めつけてしまう」で紹介した20代向けスキンケア商品の失敗も、現実と願望を混同したためでした。

直木さんは新ブランドが有名人に取り上げてもらえる「はず」、男性ファッション誌が記事にしてくれる「はず」と、いずれの企画も願望の枠を出ていません。

そうであってほしいと考える自分の願望と現実を混同してしまっています。

これでは上司の論田部長もＯＫは出せません。

とはいえ論田部長も、不確定な企画はすべてボツで発生確率１００％のことしかゴーサインを出さない、と考えているわけではないでしょう。

企画について、どこまでが現実でどこからが願望か、その成功確率はどれくらいか、そしてその確率を高めるためにどのような行動をするのか、などが明記されていれば上司として是非を判断することができます。

現実と願望を切り分けるための対策の一つは、「悪魔」に反論してもらうことです。

関係者、もしくは自分自身を「悪魔」に設定し、案に対して「本当にお客様は○周年で喜ぶのか？」などと徹底的に反論を考えるのです。

他人の意見やせっかく考えた自分のアイデアにダメ出しはしにくいものです。

しかし「悪魔」である設定ならば、意地悪な反論もしやすくなります。

これは残念な考え方9「一般論や多数派に流されてしまう」にも適用可能なワザです。

反論が言いづらいときも、「悪魔になったつもりで考えたんですが……」などと前置きすれば言いやすくなるでしょう。

直木

A

直木さんのロジカルな解答例

有名インフルエンサー１００名に商品を無償で配布して口コミしてもらえたらと考えています。宣伝ではないのでよいコメントの強制はできませんが、新ブランドのコンセプトに合致した人を選定すれば世界観がうまく伝わると思います。さらに最近、化粧品でも男女共用の商品が増えていて、そのような商品を取り上げる記事も増えています。男性向け雑誌の編集者を招待したイベントを開き、ユニセックスなブランドであることを強調すれば、そのような記事に優先的に掲載されやすいはずです。

第3章

残念な考え方

広く考えていない

残念な考え方
11

思考に抜け漏れや重複が発生してしまう

直木 論田部長、来月に実施するお客様アンケートの質問を考えました。見てもらえますか？

論田 もうできたのね、すごいじゃない。えーっと、このアンケートは女性のみが対象よね。質問項目は、年齢、住所の都道府県、そして職業は……「主婦、学生、会社員、自営業、無職」か……。

直木 自分で職業を書いてもらうと集計をするのが大変なので、選択式にしました。良くないですか？

論田

うーん、それはまあいいんだけど……。それと、化粧品についての意識調査のアンケート項目も出来ているのよね？

直木

はい、2枚目を見てください。

論田

「あなたが化粧品を選ぶときに重視することは何ですか？　最もあてはまるものをひとつ選んでください」ふんふん、いいじゃない。選択肢は、「価格が安い」「コストパフォーマンスが良い」「お得感がある」……うーん、これは……。

直木

ちょっと論田部長、お客様は価格に敏感なんですから、アンケートで聞くことは大事ですよ！　価格で選んでいるお客様もいますって！　えっ、そういうことじゃない？　マジっすか？

Q

直木さんの非ロジカルな点はどこでしょうか？
どうすればロジカルになるでしょうか？

アンケートに「ひとつだけ丸をつけてください」とあるが、どれにもあてはまらない、あるいは二つ以上にあてはまり、困ってしまう……そんな経験はありませんか。そのような思考の抜け漏れや重複を防ぐためにはロジックツリーが有効です。

①引くドアを一生懸命押していないか

鍵がかかっていないはずのドアを全力で押して、ドアが開かない。

こんなときあなたはどう考えるでしょうか。ドアを押すのではなく、引けば開くかもしれない。あるいはふすまのようにスライドさせるタイプなのかもしれない。もしくはいっそのことドアを破壊してしまう、別ルートから入る、なども検討するかもしれません。

このような他の案を考えずに「押す力が弱いからだ、もっと強く押そう！」とだけ考えると、いつまでたってもドアを開けてむこうの部屋に入ることはできないでしょう。選択や決定をする際、このドアの例のように狭い一部分しか見ていないと、それはロジカルであるとは言えません。

広くない狭い思考、その典型的な例が残念な考え方11「思考に抜け漏れや重複が発生してしまう」です。

ロジカルに考え、抜け漏れを防ぐためにはどうすればよいのでしょうか。

「抜け漏れがないように、徹底的に考え抜こう！」これはロジカルではありません。どの程度までやれば徹底的にやったと言えるのかがあいまいだからです。

そこで便利なツールが「ロジックツリー」です。

「海外旅行の行き先を考える」をテーマに考えてみます。南極など極端なケースを除き、海外旅行先はおおよそ次のように分類できます。

世界 ―― アジア、ヨーロッパ、アフリカ、南北アメリカ、オセアニア

海外旅行の行き先を考える

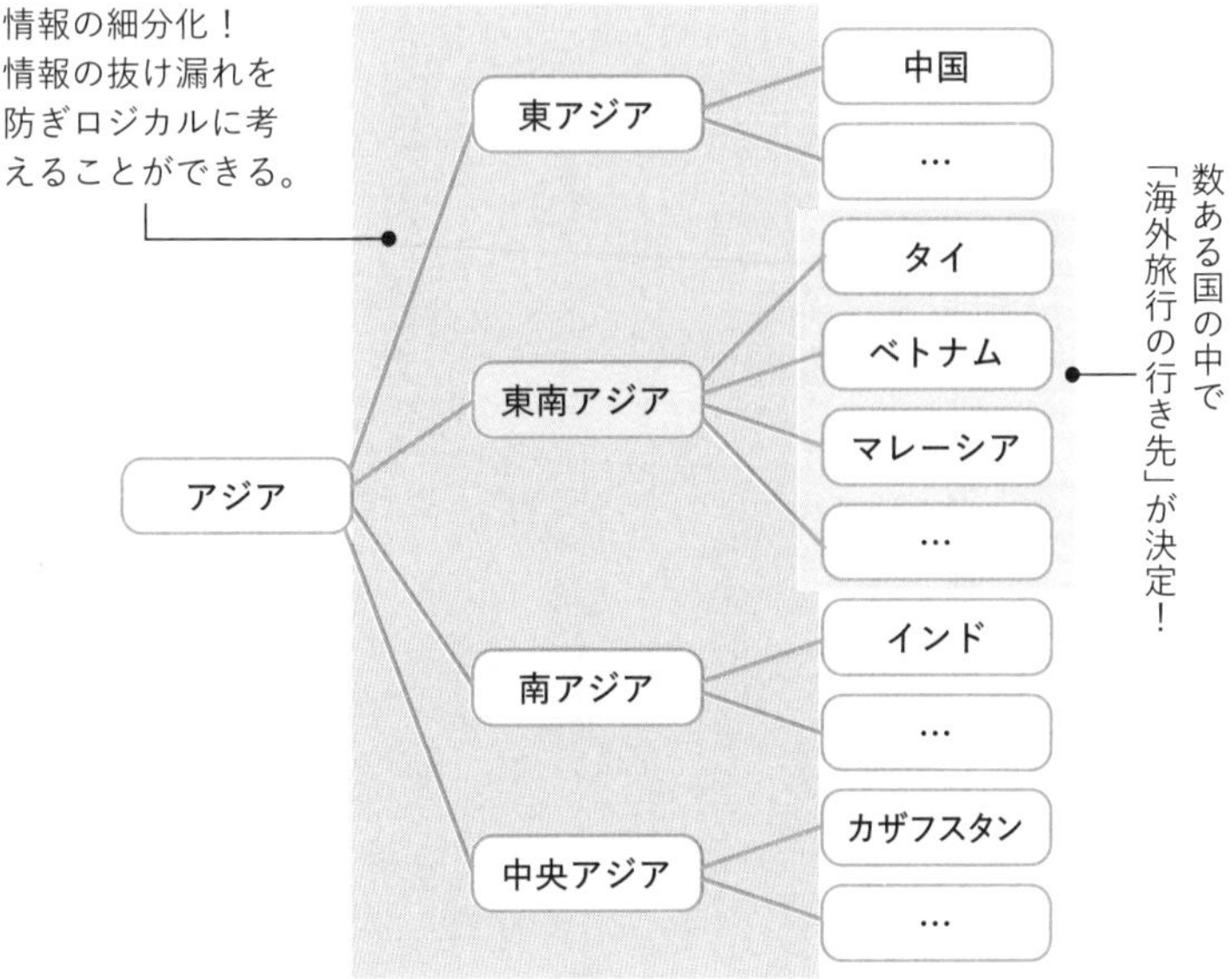

そこで「アジア」が決まったら、さらにアジアを次のように細かく分けます。

東アジア（中国など）、東南アジア（タイなど）、南アジア（インドなど）、中央アジア（カザフスタンなど）。

そしてさらに東南アジアの中で、タイ、ベトナム、マレーシア……などと絞り込んでいきます。

このように情報を少しずつ細分化し、特に重要な情報、この例では「海外旅行の最良の行き先はどこか」を絞り込んで発見する方法を**ロジックツリー**と言います。

国や地域のようにあらかじめ情報の範囲が決まっている場合は、すでに存在する情報を整理すればよいので、ロジックツリーの作成はさほど難しくありません。

問題は情報の範囲が明確に決まっていない場合です。

次の例題を考えてみましょう。

②獲得メダル増加策をロジックツリーで整理する

Q. 日本がオリンピックのメダル獲得数を増やすにはどうすればよいですか。

ここで即座に「トレーニング施設を強化する」「優秀なコーチを外国から呼ぶ」など、個別の選手強化案をすぐにいくつか考えてしまった人は要注意です。

ロジカルな思考において大切なのは「いい案を（たまたま）思いつくこと」ではなく「抜け漏れなく案の候補を挙げてその中から最良な案を選ぶこと」です。

偶然や思いつきに頼るのではなく、最善策にたどり着く必然性の高い手段を選ぶこと、それがロジカルな考え方です。

「メダル獲得数を増やすには」の設問に対して「選手を強くする策を考えなければ」と決めつけてしまわないように注意しなければなりません。

もちろんそれは選択肢の一つではありますが、「日本選手の能力を向上させ、外国選手を上回る」以外でメダルを増やす方法はないでしょうか。

一つの方法として「**メダルの数そのものを増やす**」が挙げられます。

それはさらに「競技の種類を増やす」と「一つの競技内で階級などを増やす」に分けられます。


【競技の種類を増やす】……従来オリンピックの種目でない競技、たとえば相撲やダーツなどをオリンピック種目とすれば、必然的にメダルの総数が増え、日本のメダル獲得数が増える可能性が高くなります。

実際に囲碁やeスポーツなどはオリンピック種目にしようとする動きがあるそうです。


【一つの競技内で階級などを増やす】……たとえば柔道は体重で区分していますが、その階級の数を増やせばメダルの総数は増加します。

陸上や水泳でも新たな距離を設けるなどすれば容易に種目数を増やせます。結果として、日本のメダル獲得数も多くなります。

では「選手能力の向上」「競技数の増加」以外にメダル数を増やせそうな方法はないでしょうか。

他には「日本に有利な条件で競技できるようにする」が考えられます。

それはさらに次の二つに分けられます。

【ルールを日本に有利にする】……スキーのジャンプ競技は日本人に不利なルールに変えられた結果、日本のメダルが激減したと言われています。ならばその逆、「日本人に有利なルールに変える」ことができれば、メダルは増えそうです。

【開催地を日本に有利にする】……単純に日本で開催すれば日本人にとって有利で、メダル数が増えるでしょう。

時差や移動を心配する必要もありませんし、普段と同じ環境で実力を出し切れる可能性が高いからです。地元の声援も励みになります。

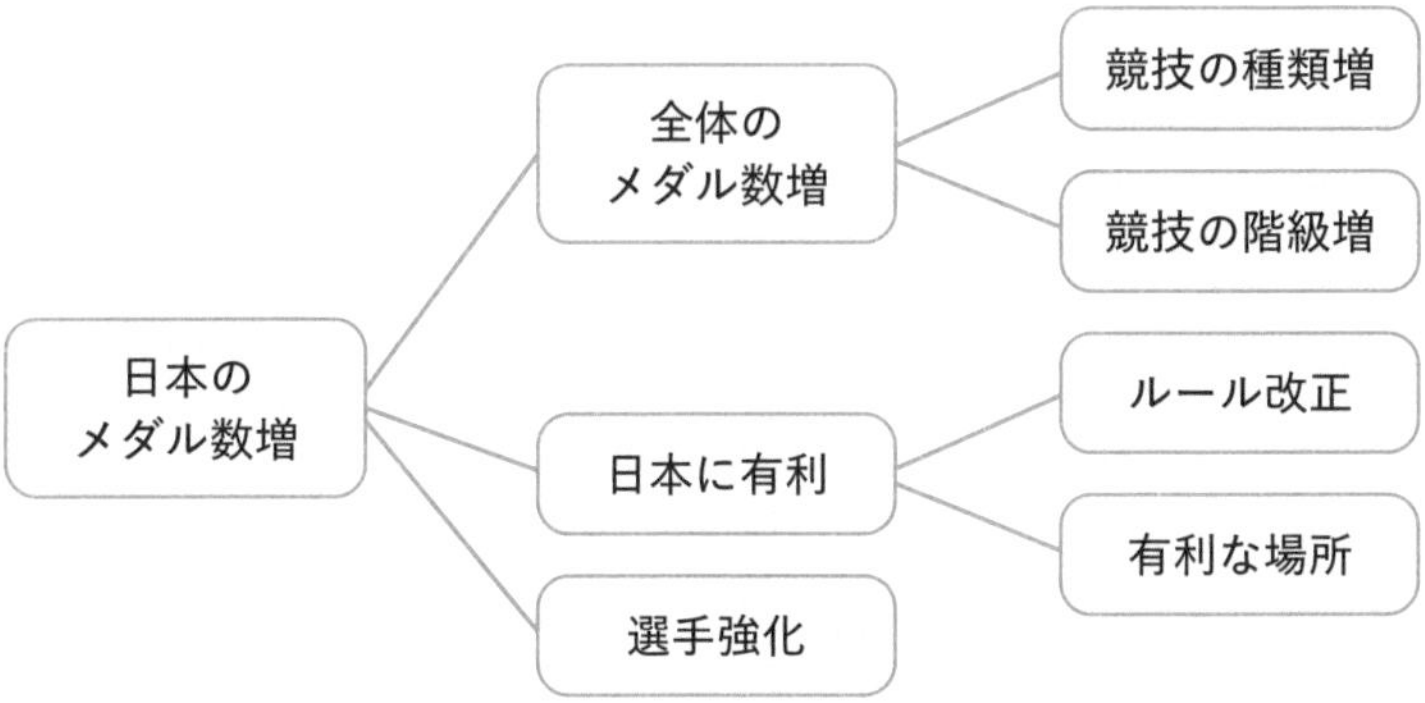

「選手の能力向上」以外に、すでに様々な候補がありました。もしも「メダルの獲得数増加＝選手の能力向上」と考えてしまうと、「メンタル面が大事なのでは？」「いや、子供の頃から国として育成を……」「そもそも予算が不足していて……」などの個別論になってしまいます。

これまで思考したことを整理すると上の図のロジックツリーになります。他にもないか、ぜひ考えてみてください。

ここで重要なのは、分ける過程で重要性や実現可能性などをすぐに評価しないことです。

「競技を増やすなんて無理だろう」「日本に有利なルールに改正するなんてスポーツマンシップに反する」「毎回日本でオリンピックするなんて不可能だ」などの反論が実際には出てくるでしょう。

ロジックツリーは抜け漏れなく拾い上げることが目的なので、作成段階では是非などの評価はしません。出来上がってからどれを採用するかを考えればよいのです。

②重複なく分類する

ロジカルに考えるためには抜け漏れだけではなく「重複がない」ことも大切です。

先ほどのロジックツリーの「選手強化」の先を上の図のように分けたとします。

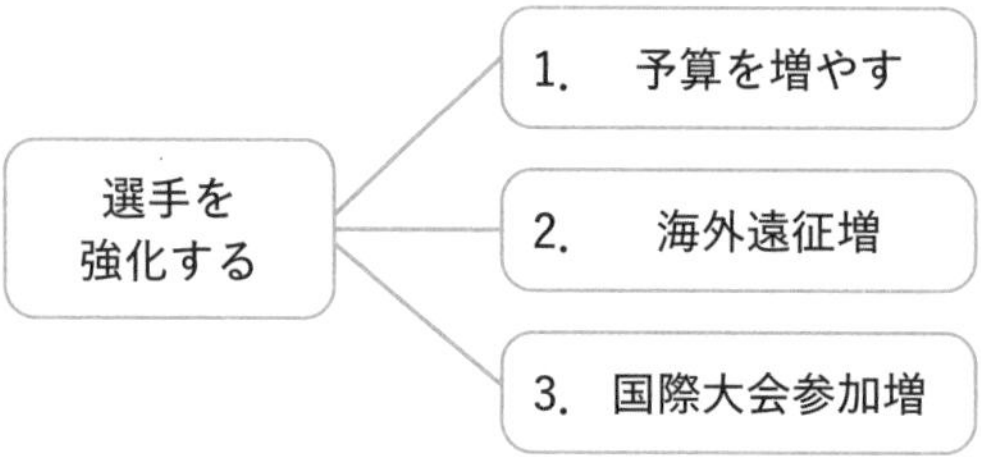

これは正しく分けられているでしょうか。

「1．予算を増やす」は2と3に比べて範囲が広すぎます。

予算を増やせば、結果的に「2．海外遠征増」も「3．国際大会参加増」も可能になり、両者を含む意味となってしまい、重複します。

さらに2の海外遠征の中には3の国際大会も含んでいます。

つまりこれらは1＞2＞3と入れ子構造になっていて、それぞれが

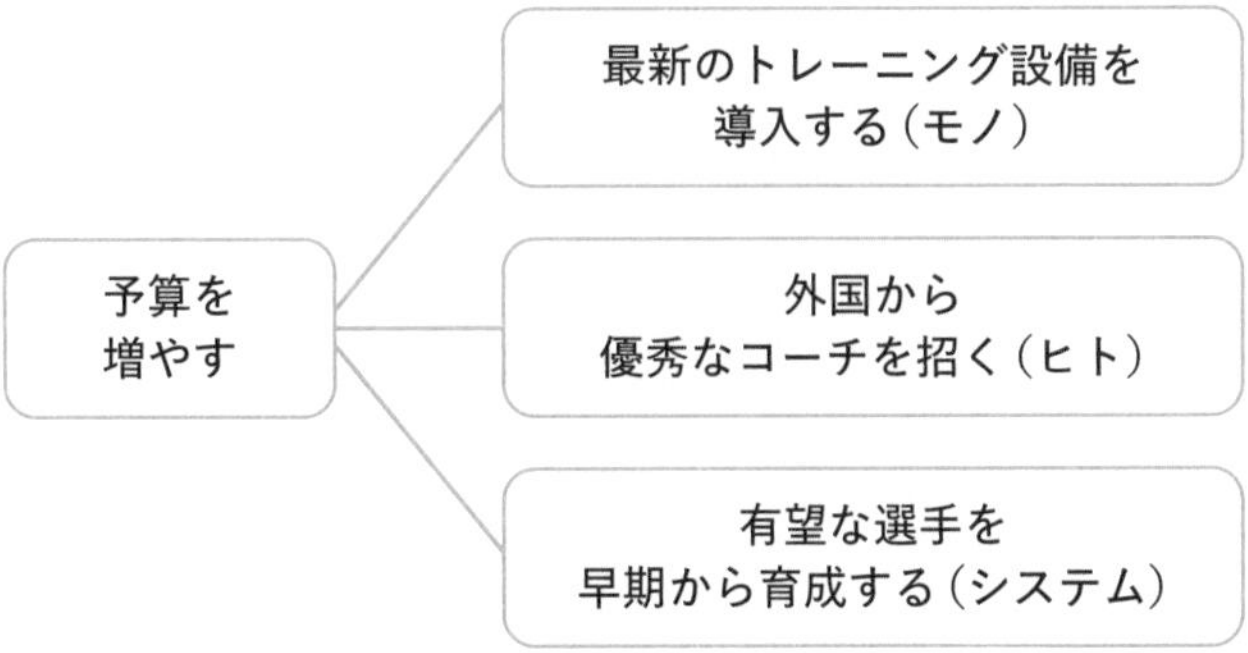

重複します。

このように重複があるとロジックツリーとして妥当ではありません。

　では上の図のようなツリーではどうでしょうか。

　これでしたらほぼ重複もなく分類されていると言えるでしょう。

　ロジックツリーで重要なポイントは「抜け漏れがない」「重複がない」です。

　さらに「分けた深さが揃っていて並列である」ことが必要です。

　ダイエットの手段をロジックツリーで整理する場合、「食事」と「ジョギング」に分けたらどうでしょう。食事がざっくりとした広い表現なのに比べ、ジョギングは具体的すぎて両者が並ぶのは不自然に感じないでしょうか。

　この場合は「食事」と「運動」に分けた方が自然でしっく

り来るはずです。

これが「分けた深さが揃っていて並列である」の意味です。


直木さんのアンケートの項目を振り返りましょう。

「主婦、学生、会社員、自営業、無職」この選択肢に抜け漏れや重複はないでしょうか。

まず「主婦」の定義として、これは必ずしも専業主婦だけを指すわけではなく、働いている既婚の女性の可能性もあります。

「主婦かつ学生」「主婦かつ会社員」のような重複があるため、一つだけを選択するのが困難な人もいるでしょう。また、公務員の人は選択肢になく、どれも選択できずに困ってしまうはずです。


化粧品の意識調査の選択肢、「価格が安い」「コストパフォーマンスが良い」「お得感がある」も適切ではありません。

なぜならこれらはいずれも価格に関することで、意味が重複しているからです。

特に「最もあてはまるものを一つ」ですから、選択肢それぞれが独立し、なおかつ分けた深さが揃っていると望ましいでしょう。

A

直木さんのロジカルな解答例

直木

働き方は多様化しているので、職業ではなく「収入を得るための労働を週に何時間しているか」を聞くことにしました。あなたが化粧品を選ぶときに重視することは？　の質問についても、選択肢を「価格」「性能」「見た目」「ブランド」など、選択肢が重複しないようにします。

残念な考え方 12

一部のデータだけ見てしまう

論田　さあ、今日は月曜日。今週も一週間がんばらないとね。まずは先週金曜日に発売した新商品の売上のチェック……っと。

直木　おはようございます、論田部長。ぶつぶつ言ってどうしたんですか？

論田　……読者のために状況を説明したのよ。それよりニヤニヤしてどうしたの？

直木　いいお知らせがあるんですよ！　聞いてくださいよ部長。

論田　どうせいつものパターンで大したことないんでしょ、って読者も思ってるわ

よ。何のお知らせなの？

直木　今日はやたらと読者を意識しますね、部長。それはそうと、週末に電車で外出したんですよ。行き帰りの電車内で、5人もウチのブランドの紙袋を持っている女性を発見したんですよ！　すごくないですか？

論田　それって多いの？

直木　そりゃそうですよ、普段の通勤電車だったらせいぜい1～2人ですから。こんなに人気なら、これから売上もグイグイ伸びていきますよ！

論田　そうなるといいけどね……。

Q

直木さんの非ロジカルな点はどこでしょうか？
どうすればロジカルになるでしょうか？

「数字は嘘をつかない」、確かにそうですが一方で「数字だから真実だ」と思いこんでしまうのも危険です。その数字は都合の良いごく一部を切り取ったものかもしれないからです。私たちは見たいデータや想像と一致するデータばかり集めてしまいがちなことに気をつけましょう。

①若者の車離れは真実か

私は研修などでよくこう言います。
「『たくさん』や『かなり』などの感覚的な表現は、人によって解釈が異なり、正しく伝わらない恐れがあります。数字を使って定量的に伝えましょう」

残念な考え方6「抽象的な言葉を使ってしまう」でも触れたように、**具体的な思考や伝達をするためには数字を用いることが有効です。**

数字であれば受け止め方が異なることはなく、万人にとって共通だからです。

人によって解釈が変わってしまうあいまいな表現はロジカルではありません。正しく伝わらないのはもちろん、自分が論理的に考えるべき場面でも抽象的な根拠を元に考えてしまうからです。

その一方で、こんな言葉もあります。

「数字は嘘をつかない。しかし嘘つきは数字を使う」

数字は異なる解釈の余地がない、動かしがたい真実である。

……そのような先入観があるからこそ、嘘つきの人ほど「嘘ではない」数字を巧みに使い、ダマそうとするのです。ひとつの数字だけを見て「これが全てであり、真実だ」と思い込まないようにしなければなりません。

「若者の車離れ」を聞いたことがあるでしょうか。

最近の若者は車に興味がない、さらにはネットで見るだけでわかった気になっている、もっと自分で運転して現地に行ってみるべきだ、などのお説教とセットで言われることが多いフレーズです。

しかし「若者の○○離れ」は、何か市場が縮小するとお決まりのように言われやすいフレーズでもあります。

実際に調べてみると、単に新たな商品やサービスが登場したので若者に限らず消費が減っているケースや、若者よりむしろ年配者が消費を減らしているケースもあります。

だからこそ、若者の○○離れというフレーズを見た場合、**「本当にそうなのか？」と立ち止まって考える**ことがロジカルな思考のためには欠かせません。

大切なのは「今どきの若者はネットで満足する」などのイメージで語るのではなく、**実際の数字で考える**ことです。では、実際の数字を見てみましょう。

若者を20代と定義し、警察庁が毎年発表している「運転免許統計」で運転免許の保有者数を調べてみます。車離れが進んでいるなら、免許を保有しない人も増えているだろうからです。20代の免許保有者数は次のように推移しています。

平成13年（２００１年）　１５７０万人
平成21年（２００９年）　１２２９万人
平成29年（２０１７年）　１０５６万人

２００１年から２０１７年の16年間でマイナス５１４万人、割合にしておよそ3分の1が減少しています。

このデータから、20代の運転免許保有者は大幅に減っていることがわかり、「若者の車離れはイメージではなく正しい」と言える……ように思えます。

本当にそう結論づけてよいでしょうか。

②データは一部だけでなく多角的に見る

「これだけ免許を持つ人が減ったってことは若者の車離れは真実じゃないか、数字は嘘をつかないんだから」、このような結論を導きたくなります。

ここまで見てきた数字にないもの、それは「母集団」です。

わかりやすく言えば全体の数です。もう一つ考えるべきこと、それは

「確かに免許を持つ若者は減ったけど、若者全体の数も減っているんじゃないの？」

若者そのものの数を無視して今と昔を比較してもあまり意味がないからです。

そこで20代全体の人口を総務省統計局のデータで見てみます。

さらにそこから免許の保有率を割り出してみましょう。

20代の人口（カッコ内は免許の保有率）

平成13年（2001年）　1791万人（87・7％）
平成21年（2009年）　1442万人（85・3％）
平成29年（2017年）　1252万人（84・4％）

20代の人口も大きく減っていることがわかります。

そして、免許の保有率は2001年から2017年の16年間で87・7％→84・4％と3・3ポイントしか減少していないことがわかりました。

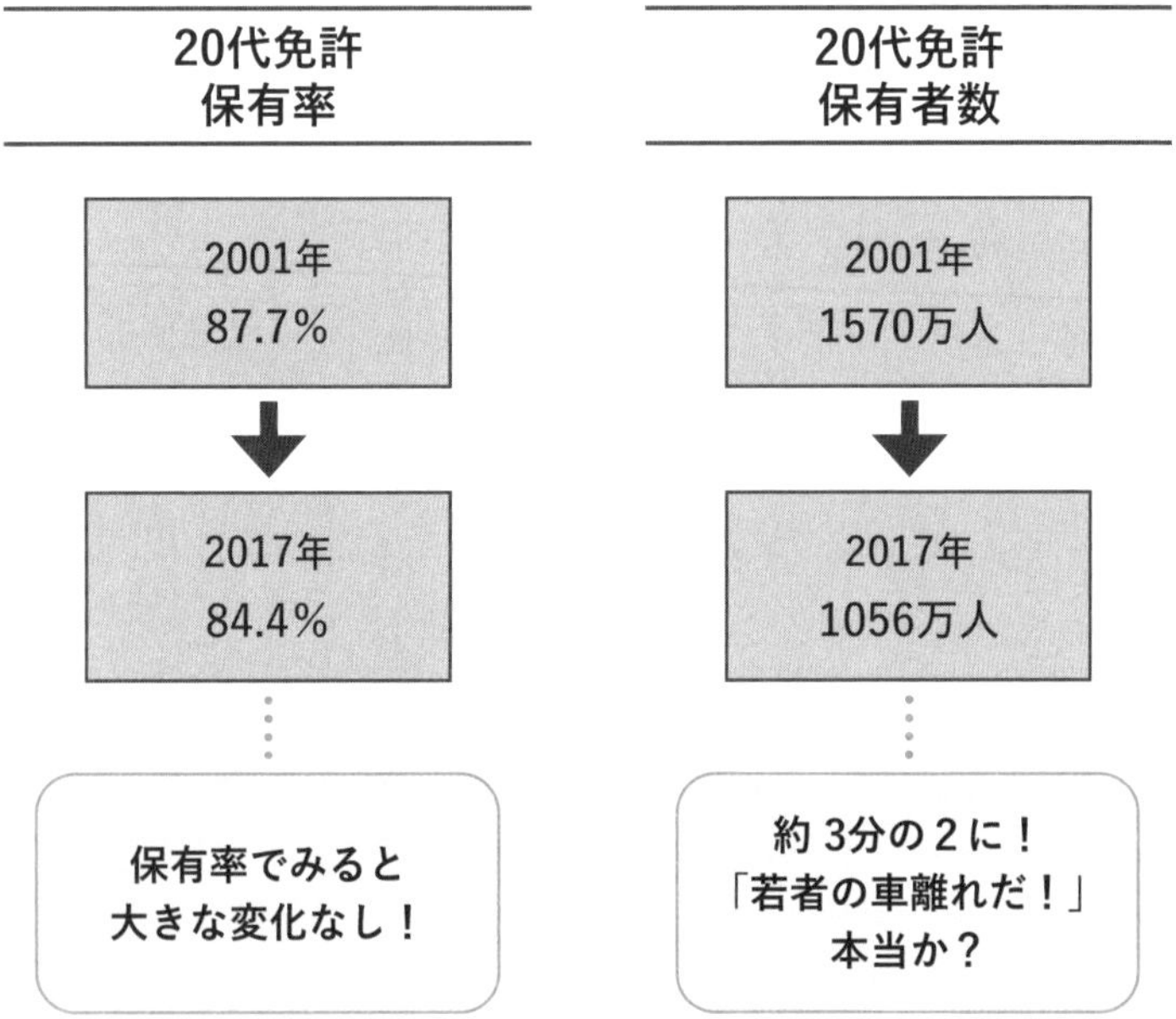

免許の保有率だけを見ると、「若者の車離れ」と大騒ぎするほどの減少にはなっていません。

「若者の免許保有率があまり下がっていないことはわかった。でも『免許があっても車を買わない・乗らない人』が増えているのでは？　周りにもそういう人が多いし……」

次はこう考えるのが自然です。

総務省の全国消費実態調査によると、30歳未満の自動車保有率は次の通りです。

	単身世帯	二人以上の世帯
１９９９年	55・３％	87・５％
２００９年	46・５％	81・５％

確かに減っています。

特に30歳未満の男性の単身世帯に限ると、自動車保有率は63・１％↓49・６％と大幅に減少しています。

しかしこれに対し、「車に興味がないわけではなく、車を個人で所有することにこだわらなくなったからではないか」と推測できる各種のデータがあります。

ひとつはカーシェアリングの利用です。

カーシェアリングは２００８年段階では全国で10前後の事業者が細々と行っているのみでしたが、２０１８年には会員数が１２０万人を突破しています（交通エコロジー・モビリティ財団ウェブサイトより）。

さらにカーシェアリングの利用経験率は20代が15・７％で、全世代で最も高いとするデータもあります（カレコ・カーシェアリングクラブの会員アンケート「２０１６」より）。

また、タイムズ24株式会社の調査によると、カーシェアリング利用者はその32・７％が「元々、車を購入しようと思っていた」と答えていて、自家用車を購入するまでの代替手段としてカーシェアリングを利用している人が多いことがわかります。

さらに、自動車を個人単位ではなく家族単位で所有する人が増えています。

国土交通省の調査で、自動車を家族で所有する人は１９９９年が16・８％だったのに対し、２０１０年は31・５％に増加しました。

以上から、「若者の車の個人所有離れ」は事実ですが、免許保有率やカーシェアの利用率は高いため、「若者は車そのものに興味がない」とまでは言い切れないと考えるのが妥当そうです。

免許の保有者数、そのひとつのデータだけを見ると「ほらこんなに減っている、やはり若者の車離れは正しい」と思い込みがちです。

しかし免許の保有率、さらにカーシェアリングなどのデータを確認し、一部だけではなく多角的に見ることでより正確な事実の把握に近づきます。

③数字は「変化」と「比率」もチェックする

数字は絶対数（総数）ひとつだけを見るのではなく、以下のポイントに注意しましょう。

変化…増えたのか、減ったのか。さらに今後は増えそうか、減りそうか。

比率…全体の中でどれくらいの率を占めるのか。比率の変化も。

たとえば営業担当者の月間の営業成績について「Ａさんは売上３０００万円、Ｂさんは５００万円」のとき、Ａさんの方が優秀、と決めつけてよいのでしょうか。

変化…Ａさんはこれまで売上１００万円で、今月たまたま大口の売上があっただけかもしれない。

比率…Ａさんは赤字ギリギリまで値引きして売ったので、利益の比率と金額はＢさんの方が上かもしれない。

残念な考え方８「わずかな経験を重視しすぎてしまう」にもあったように、数字に限らず、一部の印象やわずかな経験で全体の傾向を判断しないよう注意しましょう。

特に人は自分の経験を重視しすぎる傾向があります。

もちろん経験から学ぶ、それ自体はとても大切なことです。

しかしその自分の経験が他人にもあてはまる一般論かどうかは、一呼吸置いて考えなければなりません。

「昔は終電まで長時間働いた、だから成果が出て出世できた」と言う人も、それは長時間働いたからではなく、たまたま好景気の波にうまく乗っただけかもしれません。

数字や体験などの偏ったデータを全体の傾向だと捉えて一般化してしまう、これが残念な考え方12「一部のデータだけ見てしまう」です。

「免許を保有する若者が減っているから車離れだ」「自分の成功体験なんだから間違いないはずだ」などと安易に一般化してしまわないよう、注意しましょう。

直木さんは「週末、電車内で5人も自社ブランドの紙袋を持っている人を見た」ことを根拠に「ブランドに人気が出たからだ」と言っています。

これは本当でしょうか。まず、人は特定の物事を強く意識するとその物事を認識しやすくなることに留意しなければなりません。

例として、普段の通勤経路で「赤いものに注目しよう」と思うと、普段は目に留まらない赤いものが途端に目に飛び込んできて「赤いものってこんなにたくさんあったのか」と認識するようになることが挙げられます

直木さんもたまたまリラックスした休日に自社ブランドの紙袋を1つ、2つと見て「やたら自社ブランドの紙袋を見る、よしこれから注目してみよう」と強く意識した結果、5つ発見しただけで、実は普段の通勤でも同じくらいすれ違っていたのかもしれません。

さらにもう一つ、「普段の通勤電車で1~2つ」なのに対して「休日の外出で5つ」と、比べる基準が違うことに注意しましょう。

通勤と休日の外出とでは、利用する路線も、乗車する時間の長さも異なるはずです。さらに休日は買い物をする人が平日よりも増えるため、購入した化粧品の紙袋を持って乗車する人も多くなることが予想されます。

数字の比較をする上で、直木さんのシチュエーションは「電車」であること以外はまったく異なっています。論田部長のセリフからは金曜日に新商品を発売したことがわか

るため、それを購入した人が普段の週末よりもさらに多い可能性も指摘できます。

もっと言えば、この5人を見たことは「たまたま」かもしれません。誤差や偶然とも言える要素を「こんなに多いということは、自社ブランドが人気だ！」と**自分にとって都合のよい結果ありきで解釈しただけ**とも言えます。

これは残念な考え方10「現実と願望を混同してしまう」にも共通する要素です。**一部の望ましいデータだけを見てそれを全体に当てはめてしまう**のはロジカルではありません。

最後に余談ですが、実際に某化粧品会社は複数の女性モデルに自社ブランドの紙袋を持たせて電車に乗らせるプロモーションをしたことがあります。しかもそれはいかにもゲリラ広告！　と大量に乗車させたのではなく、分散させて自然に乗客として潜り込ませました。

都内の電車だったらかなりの乗車人数ですから、それを見て自然とブランドが脳裏に刷り込まれた人もたくさんいたことでしょう。

A

直木さんのロジカルな解答例

直木

通勤と休日の外出とでは条件が違うので、単純な比較はできないですよね。5人見たのもたまたまかもしれませんし。そうだ、水曜日はノー残業デーでいつも同じ時間に同じ路線の電車に乗るので、そこで毎週定点観測すればより参考にできるデータが得られるかもしれないですね。

残念な考え方

13

比較対象が無く単独で見てしまう

直木

部長、来年の新商品のプロモーション企画を考えたんですがいいっすか？

論田

言葉遣いはもう諦めたわ。どうぞ。

直木

美容雑誌のヴォーチとのタイアップ記事広告を検討しています。最近ヴォーチのライターさんとカメラマンさんは評判いいっすからね。いい広告になると思いますよ。

論田

ふーん。で、具体的な広告のイメージはあるの？

直木　若手女優の野田サオリを起用してみてはどうでしょうか！　テレビドラマにはあまり出てませんが、来年は主演映画が上映されますし、人気も上昇中です！　商品のイメージにもピッタリですよ！　ちなみに彼女はよくブログに自撮りを載せてるんですがそれがかわいくて……。

論田　ちょっと、それって直木さん個人の願望じゃないの？　あわよくば撮影現場に立ち会おうとか……。

直木　えへへ、実は……い、いいえ、そんなことはないですよ！　本当に彼女は人気なんですから！

論田　うーん、ヴォーチも野田サオリも悪くはないんだけど、それだけじゃ、ね。

Q

直木さんの非ロジカルな点はどこでしょうか？

どうすればロジカルになるでしょうか？


「直感でビビッと来たからこれを選んだ」、プライベートの普段の買い物ならそれでいいかもしれませんが、業務上の判断となるとそうもいきません。ただ良いかどうかだけではなく、他と比べてどれくらい良いかが適切に判断するためには重要です。

① 判断するためには「比較」が必要

ダイエット食品の広告を想像してください。

その広告は、スリムなモデルの女性が写った写真が一枚だけ掲載されています。

そこには次のようなキャプション（文章）が添えられています。

「このスリムな○○さんを見てください！　○○さんはこの××ダイエットを利用して痩せたんです！」

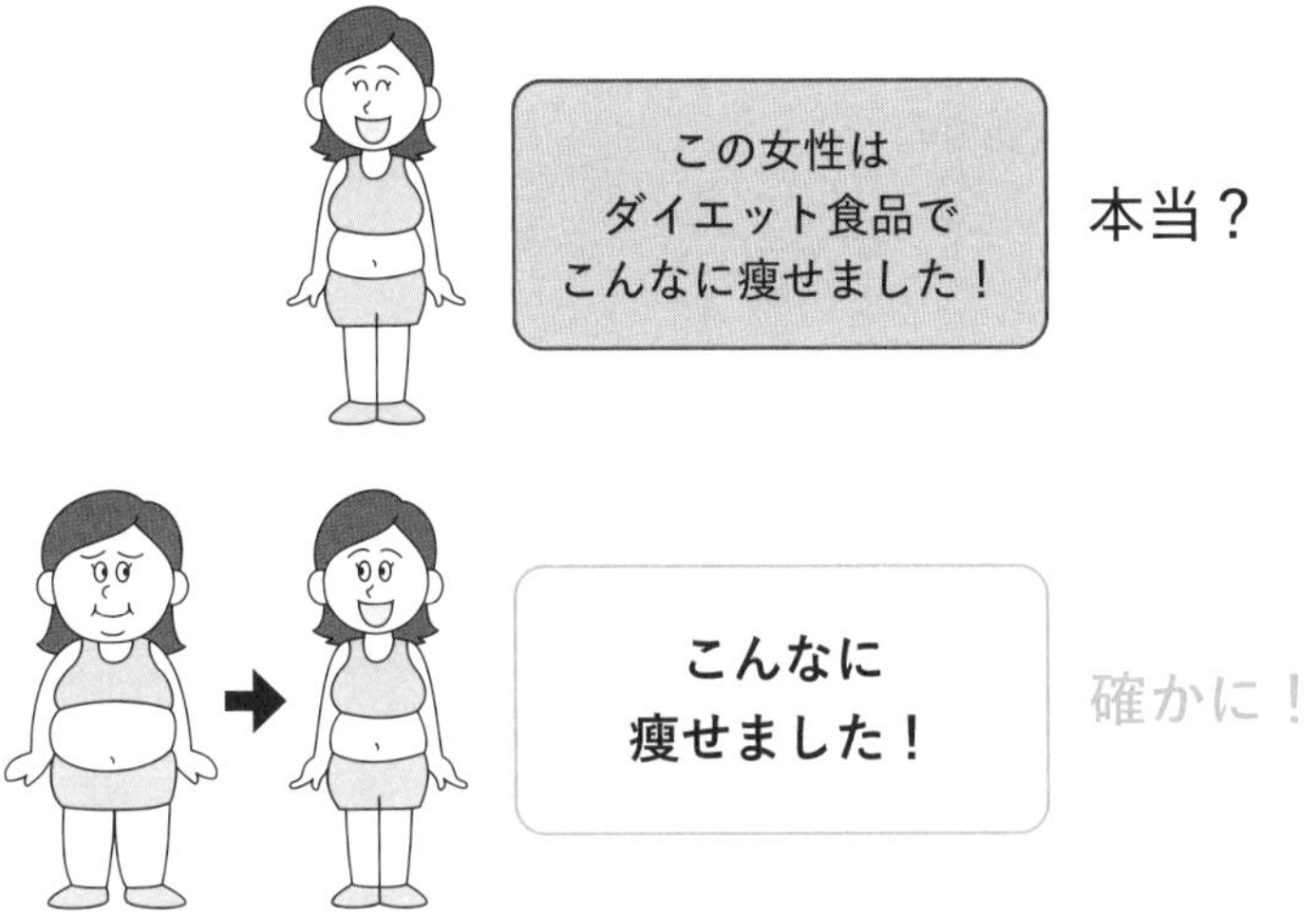

あなたがこれを見たら、この広告は本当かな？　と疑いの目で見るのではないでしょうか。

なぜなら、このモデルの女性は広告のダイエット食品を使う前から痩せていたかもしれないからです。

広告としてインパクトと真実味を与えたいなら、この人が太っていた頃と痩せた後の写真を並べて「昔はこんなに太っていました！　でもこれのおかげで80kgから60kgになりました！」とした方が効果的です。

実際のダイエット食品の広告でも、そのように並べることで「こんなにやせました！」と伝える事例が多いはずです。

薬や洗剤、消臭剤などの広告でも同様です。

「以前こんなに痛みや汚れ、ニオイなど困ったことがあった」「でもこの商品を使うことでその悩みは解消され、イキイキとした人生に変わった」と変化を伝えます。

それによって見る人は「なるほど、こう良くなるんだな」とわかります。

「今、どうであるか」だけではなく「過去どうだったか、それがどう変わったか」を伝えると、良さを実感してもらうことができます。

私が研修でプレゼンテーションを受けたり、グループワークの発表を聞いたりすると、まさにこの論田部長のように

「悪いわけではないけど、心が動かされない……」

と感じることがあります。

その原因の多くは、自分たちの行動や提案ばかりを話して、「変化」がわかりにくいからです。

機械Ａの営業担当者が、取引先の工場の社長に「ぜひ機械Ａを２００万円で新規に購入してほしい」と提案するとします。

一般的な提案では「機械Ａを買ってください。機械Ａはこういう商品・機能です」と

機械A（200万円）を導入することによる変化

	現在	機械A導入後
不良率	1％	0.1％
1個あたり作業時間	10秒	8秒
改善効果による費用メリット		+250万円／年
機械Aランニングコスト		−50万円／年

紹介します。

もちろんこれでも悪くないのですが、上のようにした方が端的にわかりやすくなります。

「したがって、機械Aを２００万円で購入しても1年で元が取れ、それ以降は年２００万円相当のプラスです。だから購入をおすすめします」

こうすれば購入の「前」と「後」が比較されるので、導入の効果がわかりやすくなります。

社長も購入を判断するにあたり、「機械Aは高性能です」とだけ言われるよりも、この表を見たほうが有益な判断材料となることでしょう。

ダイエット食品の広告でも機械の性能でも、人は「比較」することでその良さを理解することができます。比較を用いることなく「このダイエット食品はやせます」「この機械は高性能です」と言っても説得力に欠けます。

これが残念な考え方13「比較対象が無く単独で見てしまう」です。

②適切な比較対象

人が良し悪しや採用・不採用を判断するときに考えるのは、単にＯＫかＮＧかの2択だけではありません。

「これは他よりもよいのか」「他にもっとよいものがある可能性はないか」も考える場合が多いはずです。

特に会社が工場の機械を購入する、あるいは新婚夫婦が自宅を購入する、などの大きい決断をするときはなおさらです。

購入後に「もっと安くてよいものがあったのでは？」「他を選んだ方が正解だったのでは？」などと後悔したくはないですし、やり直しは困難です。

だからこそ単独で良し悪しを見るだけでなく「検討可能な中でこれがベストです」と言えなければなりません。

残念な考え方12で「数字は変化と比率を見る」と述べました。

さらにもう一つ、「**比較**」も見るべき重要ポイントです。

月間の営業成績がＡさん３０００万円、Ｂさん５００万円のとき、数字だけを比較するとＡさんが上です。

このとき、両者の取引先を比較して、「Ａさんはいつもの取引先からの定期注文、Ｂさんはこれまで取引を断られ続けた企業からようやくもらった注文」なら、新規開拓したＢさんの方が成果としては価値があるとも言えます。

比較で判断すること、そして適切な比較対象を選択することがロジカル思考には欠かせません。

比較して判断する際の注意点として、**対象が比較するにふさわしいものでなければなりません。**

残念な考え方４「弱い原因を唯一と決めつけてしまう」で「お客様満足度83%は信頼できるか」を取り上げました。

その後、別の担当者も別の商品について満足度調査を行い、90%の満足度だったとします。この場合、「以前に調査した商品より満足度が高い」と判断してよいでしょうか。

このとき、調査の条件が同じでなければ、比較対象としてふさわしくありません。たとえば以前の調査は満足度を4段階で質問したが今回は「はい・いいえ」の2段階で質問した、前回は自社ユーザーのみに調査したが今回は幅広い対象者に調査した、などと調査方法が変わっていたら比較はできません。

また、調査対象の一方は口紅でもう一方は化粧水、と商品自体のカテゴリーが大きく異なっていたら、その2品の満足度を比較することもあまり意味がありません。

③「標準」を決めるから、比較ができる

比較を行う上で確実な方法の一つは、標準を決めてそれと比較することです。

私が製造業を支援したときの事例です。その会社の工場の作業工程では、同じ作業であっても作業者によってスピードや正確性が異なり、ムラがあることが問題となっていました。

このような場合、一般的に考える問題の原因は「初心者の技術の低さ」です。

そのため、当初は学習やトレーニングなどで技術を向上させ、みんな素早く正確に作業できるようにしよう……と対策を考えました。

具体的な解決策として、優秀な作業者がそうでない作業者を指導すればよいのでは、もしくは未熟な作業者を外部の研修機関に通わせればよいのでは……などと考えましたが、今ひとつ成果が現れませんでした。

改めて作業者によってスピードや正確性が異なる原因を調べ、一つの事実がわかりました。

それは「作業の標準が決まっていなかった」ことです。

工場では作業者それぞれが、自分ではベストだと思うやり方で作業していました。そのため全員の作業のやり方がバラバラであるにも関わらず、皆が「自分のやり方が一般的で最適」と思いこんでいて、自分の作業方法に問題があるのでは、改善できるのでは、とすら思っていなかったのです。

これは作業の「標準」が決まっていなかったことが原因でした。

「この方法が標準で、スピードも正確性も最適です」と決まっていれば、作業者はその標準と自分のやり方との差異を認識し、改善することができます。標準がなければ、もっとがんばれ、もっと早く作業しろ、と注意されたところで具体的な改善方法がわかりません。

そこで、もっともスピードも正確性も優秀なベテラン作業員の作業をビデオで撮影し、それを「標準」としました。

こうして標準を設定し、それと比較することで各作業者は自分の作業の効率の悪さに気づくことができました。

もしも標準がないまま、比較をせずにただ「もっとがんばろう」だけでは、作業は改善しなかったことでしょう。

直木さんは「美容雑誌ヴォーチにタイアップ記事広告を出すこと」「モデルに野田サオリを起用すること」を提案しました。

それぞれは悪くなさそうに思えますが、この提案だけでは「他の雑誌よりも良いのか」「他のモデルよりも良いのか」の「比較」がありません。

比較対象も提示し、それらよりも適切であることを説明すれば説得力が増すでしょう。人は「比較」の対象がないと、躊躇してしまいます。比較対象があれば「これで行こう！」

と決断することができます。

そのため、提案を受け入れてもらいたいときはあえて「比較させる」ことが有効です。

イタリア料理を食べに行くことを提案するとき、「イタリア料理を食べに行かない？」と提案すると、相手は本当にそれでいいのかな……と躊躇する可能性があります。そこで「パスタかリゾットを食べに行かない？」と提案すると、じゃあパスタかな、と比較して選択してしまいます。

プレゼンテーションなどでも、本当に推したいプランAがある際に、それだけを提示すると「もしかしたらもっといい案があるかもしれない」と決定を渋り、突き返されてしまう可能性があります。

そこで、あえて別の「捨てプラン」のBとCも用意して「3案をご用意しました」と提案すれば「じゃあこの中ではAがいいな」とすんなり選んでもらえることがあります。

他の案と「比較」することで、納得して決断しやすくなるのです。

A

直木さんのロジカルな解答例

直木

美容雑誌は主要3誌あるのですが、その中でヴォーチが最も部数が多い上、新商品のターゲットである20代前半の読者が最も多いので最適であると考えました。また、モデルの候補はイメージにぴったりの人気若手女優を検討したところ、野田サオリの他に、島村ユマと尾崎マイも候補でした。しかし島村は事務所の移籍でトラブルになったこと、尾崎はすでに別ブランドの化粧品の広告に出ていることもあり、野田サオリが最善だと判断しました。

残念な考え方 14

合計や平均が正しいと思い込んでしまう

論田

ではスキンケアの新商品に関する企画会議を始めます。今回の会議の進行は直木さんにお願いします。よろしくね、直木さん。

直木

はい、任せてください！　では、来年に発売する新商品について、みなさんの意見を聞かせてください。

春野

新商品は保湿に重点を置くべきです。肌の若々しさを保つには保湿が欠かせません。研究所からも、保湿にいい成分の開発が進んでいて、もうすぐ完成すると連絡を受けています。

夏木

ニキビ対策商品をリニューアルすべきです。前回のリニューアルから7年も経っていて、現在の市場ニーズとズレが生じ、イメージも古臭いです。

秋山

男性用スキンケア市場に参入してはどうでしょうか。最近は男性用スキンケア商品が増えていて、競合他社も続々と発売しています。我が社も遅れずに参入すべきです。

冬沢

スキンケアといっても顔だけじゃないですよ、ボディケアも大切です。

直木

えーっと、この会議のまとめとしては……保湿力の高い、ニキビ対策にもなる、男性用化粧品を、ボディケアも含めて発売する、でよいですね！

Q

直木さんの非ロジカルな点はどこでしょうか？
どうすればロジカルになるでしょうか？

「意見をまとめる」、あなたも小さい頃からそのような機会があったのではないでしょうか。その際、全員の意見をただ列挙しただけでは「まとめる」とは言えません。不要な意見を捨てる、鋭い意見だけを残す、などの工程が意見をまとめるためには必要です。

①商品をより良くするために、消費者の声を取り入れよう！

「消費者の意見を元に開発しました」、しばしばこのような商品を目にします。確かに実際の消費者の意見を取り入れたらよく売れそう……と「ロジカル」に考えてしまいがちです。

しかし実際には、消費者が直接に商品開発に関わることでヒットになった商品はあまり多くありません。それはなぜでしょうか。

私がある女性向け身だしなみグッズのマーケティングに携わったときのことです。その商品を製造するメーカーは機械部品の製造を主としていて、それまではＢtoＢ、すなわち企業間の取引のみを行ってきました。

その技術を応用して女性向け身だしなみグッズを作り、ＢtoＣ、すなわち消費者向け商品を製造・販売するビジネスを始めたのでした。

私が関わる前に、そのメーカーはある市場調査の会社に業務を委託していました。

その調査会社は女性モニターを多数抱えていて、依頼を受けた商品についてモニターが実際に使うなどしてアドバイスするサービスを提供していました。

メーカーはそれまでBtoBばかりで消費者向けの商品を作ったことがなかったので、その女性モニターの意見を取り入れることで消費者に好まれる商品を作り出そうとしたのでした。

メーカーは調査会社の女性モニターに試作品を使ってもらい、意見を聞きます。

さらにその意見を反映させてまた試作品を作り、また使ってもらって意見を聞き……と、改善を繰り返しました。こうして女性モニターの意見を取り入れた身だしなみグッズを完成させ、発売に至りました。

企業の一方的な視点ではなく、きちんとモニターの声を反映させた商品です。それならば消費者のニーズを満たした優れた商品になり、売れるだろう……と想像します。

ところが**この商品はまったく売れませんでした。**

そして売上に伸び悩んでから私はこの事業の一部に関わることになり、それまでの経緯を詳しく聞いたのでした。

調査モニターに使用してもらい、意見を取り入れる、それ自体は望ましい取り組みです。だからひどい商品ができるはずはない、なぜ売れないんだろう……と当初は思っていました。しかし商品を改善する過程を知り、その商品がまったく売れない理由がわかりました。

② なぜ消費者の意見を取り入れた商品が売れなかったのか？

調査モニターの意見を取り入れたのに売れなかった理由、それは**「調査モニターの意見を取り入れたから」**です。

これはどういうことでしょうか。

試作品を調査モニターに使ってもらうと、様々な「ダメ出し」があります。

「もっと小さい方がいい」「デザインはこうした方がいい」「ネーミングは……」などです。メーカー側は忠実にそれに応えようとして、商品に反映させます。

そのようなモニターの意見を素直に聞き入れて商品開発を繰り返し、結果としてどうなったでしょうか。

結果として完成した商品は「誰からも文句は出ないけど、何の特徴もない商品」になってしまったのです。

「角の取れた、印象が薄い商品」「すべてが60点の商品」と言ってもいいでしょう。

モニターの人たちは、プロではない素人たちです。

ユーザー目線で語られることは基本的に「ダメ出し」、すなわち「どこが悪いか」ばかりで、どうすれば改善されるかは語ることができません。

私たちもレストランの料理がおいしくなかったら「味がぼやけている」などと文句を言うことはできますが、「ではどうすればおいしくなるか」は素人なのでわかりません。

映画を見て「つまらなかった」と感想を言うことはできますが、どこをどう変えれば面白くなるかは専門家ではないのでわかりません。

モニターの意見もそれと同じです。彼女たちは不満を述べることはできても、「どうすれば良くなるか」はわかりません。

モニターのみなさんの「不満」をなくすように商品を作った結果、最終的に出来上がったのは「不満はないが、満足もない」商品でした。

残念な考え方3「誤った原因に飛びついてしまう」で居酒屋のトイレをきれいにしたのにお客さんは増えなかった事例を紹介しました。

それと同じで、試作品の「不満をなくす」ことが「満足を高める」ことにつながるとは限りません。

ネーミングも含め、嫌われもしないが何の特徴もない商品となり、まったく売れなかったのです。

メーカーの担当者は「ちゃんとモニターの意見を取り入れたのに、どうして」と思っていました。

モニターはモニターとして意見を述べただけなので、非はありません。

メーカー側はモニターの意見、特にダメ出しを鵜呑みにするのではなく「どれが採用すべき有益な意見か」「この意見に隠された心理は何か」などを見極める必要がありました。しかし、慣れないメーカーにとっては「どれも大切で有益な意見」と感じてしまい、ほぼすべてを取り入れてしまったのでした。

このように取捨選択せずにあらゆる声を取り入れようとすること、これが残念な考え方14「合計や平均が正しいと思い込んでしまう」です。

「なるべく多くの人の意見を取り入れた」、それ自体は良いことのように思えます。しかし多くの意見を取り入れることや平均的な案を採用することは、裏を返せば自分自身では思考も決断もせず、「みんなの意見」に丸投げしているとも言えます。

「みんながそう言ったからそうしただけ、私は悪くない」と決断の責任から逃れようとする意識を感じます。

多数の意見をそのまま活かせば、「どうして私の意見を活かしてくれないんだ」と不満を言われることもなく、衝突を避けることができます。

そのため不満が出ないように全員の意見の合計や平均に落ち着きがちです。そのように安易に流されることを避け、「その意見を元に、私はこう考える」と表明する態度がロジカルさには必要です。

私たちは「意見をまとめる」という言葉はよく使いますし、実際に「意見をまとめる」

機会も数多くあります。しかしまとめるとは何か、どうすればまとめたと言えるのか、具体的に習ったことがない人がほとんどではないでしょうか。

そのためまとめようとして、全員の意見の平均を選んでしまったり、すべての意見を盛り込んでしまったりするのです。

結果、それはまとめられた意見にはなっておらず、角がなく何の特徴もない意見や単なる寄せ集めの意見で終わってしまいがちです。

③意見は「まとめる」よりも鋭い意見を「拾い上げる」

女性向け身だしなみグッズの開発において、モニターの意見はどのように使えばよかったのでしょうか。このような場面で大事なのは意見の「合計」や「平均」ではありません。

むしろちょっと違和感のある意見や「おっ」「へぇ」と感じる鋭い意見を拾い上げることこそが重要です。

私が化粧品会社に勤務していたころ、スキンケアについて調査を行いました。

そこで行ったのはモニターに使ってもらう形式ではなく、マジックミラー付きの部屋に自社ブランド愛用者を集めていろいろな意見を聞き取る形式でした。

その際の主なテーマは「どのような基準でスキンケア化粧品を選ぶか」「知るきっかけは」「誰の意見を参考にするか」などで、そのような項目を中心に聞き取りを行いました。

マジックミラー越しに話を聞くうちに、ふと気付いたことがありました。

参加者は商品のことを商品名ではなく「ピンクの化粧水」「黒い容器の美容液」など、「色」で呼んでいたのです。ブランド愛用者であるにも関わらず、商品の正式な名称はわからないので、色で商品を認識していました。

確かに化粧品の名称は英語やフランス語で複雑なものが多く、覚えづらかったのかもしれません。

社員としては商品の名称は知っていて当たり前ですが、ブランド愛用者ですら正式な名称はわからず色で呼んでいたのは意外な発見でした。

本来の目的ではないこのような発見にこそ、意義があります。

そこで私はパンフレットやメルマガの紹介文などで「青の化粧水」「白い瓶の美容液」など、色で強調するようにしました。

その後、店頭の美容部員からは「色で商品を指名するお客様が増えた」と聞きました。

冒頭のモニター調査を行った企業も、出てきた意見の中で「意外な使い方」や「間違った使い方」などを参考にしていればよかったのかもしれません。

直木さんはスキンケア商品の会議で、4人からの意見をすべて拾い上げた企画を会議の結論にしようとしていました。

このように意見をただ列挙しただけでは、会議として「まとめた」結果であるとは言えません。それぞれどのようなメリットとデメリットがあるか、誰がいつまでに何をすればよいか、そのための進行や取捨選択をする必要があります。

私たちは、みんなから嫌われたり文句を言われたりしないために、全体の合計や平均を選んでしまいがちです。

ロジカルな思考に必要なのは何かを「選ぶ」ことと同時に「選ばない」ことでもあります。「三人寄れば文殊の知恵」とことわざにありますが、その一方で「船頭多くして船山に登る」とも言います。

「みんな」の意見をすべて取り入れようとすると、結局それは角がとれたつまらない意見や方向性のない単なる寄せ集めで終わってしまいがちです。

意見を「断捨離」する勇気を持ちましょう。

A

直木さんのロジカルな解答例

保湿、ニキビ対策、男性向け、ボディケア、どれも着眼点は良いと思います。しかし全部を同時に取り組むことはできません。次回の会議までに、それぞれの重要度や緊急度、期待できる成果を挙げておきましょう。そして次回の会議で優先順位を中心に話し合い、どれを採用するか決定してはどうでしょうか。

残念な考え方 15

思考を止めてしまう

論田　競合の通販化粧品ブランド、最近は前年比5割増で伸びてるのよね。ウチは通販が弱いからね……。このブランドはどうしてこんなに伸びたのかしら。

直木　通販化粧品の世界はドラッグストアやデパートと違ってまた独特ですからね。有名な通販のコンサルタントでもつけたんじゃないでしょうか？

論田　有名な通販のコンサルタント、って具体的にどんな人？

直木　どんな人って言われてもわかりませんが……そういう業界ごとのコンサルタントがいるんじゃないですか？

論田　あれ、特に有名なコンサルタントを知っているわけじゃないの？　じゃあ、どうしてコンサルタントをつけたって思ったの？

直木　ちょっと部長、そんな言い方しなくてもいいじゃないですか！　部下の意見をそうやって潰すなんて……。

論田　落ち着いて直木さん、とうとう最後まで残念な考え方に陥っているわよ。

Q

直木さんの非ロジカルな点はどこでしょうか？
どうすればロジカルになるでしょうか？

考えて導き出した結論が間違ってしまうことはある程度やむを得ません。残念なのは正しいのか間違いなのかわからず、「なぜ？　本当に？」と検証もできないような結論

です。否定や非難ではない正しい「なぜ」を積み重ねることはラクではありませんが、ロジカルさには不可欠です。

①流行したのは仕掛け人がいたから？

私の研修では、ロジカルに考える力を向上させるため、しばしば仮説設定のグループワークをしてもらいます。

答えがわからない問題に対して「〜ではないか？」と仮説を考えることは、その後の検証をロジカルに進めるために有効だからです。

仮説検証のテーマは、受講生のみなさんが取り組みやすいように「○○が流行したのはなぜか」と身近な話題を取り上げることがあります。○○はタピオカミルクティーなど、実際にそのとき流行しているものを選び、受講生に楽しみながら考えてもらうようにしています。

タピオカミルクティーであれば、流行の理由として「インスタ映えするから」が必ず出てきます。しかしこれは残念な考え方1「反対向きにつなげてしまう」の可能性があります。

「インスタ映えするから、タピオカが流行った」のではなく、「タピオカが流行った結果、みんながインスタグラムに投稿するようになった」可能性もあるからです。

また、多くの人がタピオカを買って飲む人の視点ばかりを考えてしまいがちです。

そこで残念な考え方11「思考に抜け漏れや重複が発生してしまう」に気をつけましょう。お客さん側の視点だけではなく、タピオカを作って売る店の側の視点にも注目してみます。すると、店側にとっては「持ち帰り専用にすれば広い店舗を必要とせず初期費用や維持費用が安く済む」「調理の専門技能をさほど必要としない」「利益率が高い」などの理由でタピオカ店を出店したのでは、と仮説を設定できます。

仮説に論理の不十分さや思考の抜け漏れがあったとしても、それに気付く人がいれば、「その反対の〜って考え方もできるよね」「それだけではなく〜の可能性もありえるのでは？」などの議論を広げることができます。

しかし困ってしまうのは、「○○が流行ったのは影で仕掛け人がいたからだ」とする仮説が毎回のように出てしまうことです。

ファッションの流行色が決められているように、他の世界でもウラでは仕掛け人がいてその人達が世の中の流行を操っているのだ……とする、陰謀論めいた考えです。

この仮説について、「正しいかどうか」ではなく「ロジカルかどうか」で考えてみます。

残念ながら、「流行は仕掛け人がいたからだ」だけでは「狭い思考」であり、ロジカルであるとは言えません。

これがたとえば「流行した商品について振り返ると、商品Aは仕掛け人であるX氏の影響で流行した。商品Bは商社Yが流行させるための取り組みを行っていた。そして商品Cも商品Dも同様だ。つまり、流行のウラには仕掛け人の存在がいるものだ」などの論拠があれば、「だから、タピオカもウラでは仕掛け人がいたのだろう」とつながってロジカルになります（ちなみにこの論理のつながりは帰納法です）。

一方、ただ「仕掛け人がいたから流行ったのでは？」だけでは思考の幅が狭く、根拠としてもつながっていません。

そして何よりもこの「仕掛け人」を根拠とすることの問題点は、そこで思考が止まってしまい、さらに調べようがない点です。

仮説はそれが正しいかどうかを確かめることができるからこそ、仮説としての意味があります。

「謎の仕掛け人がいるんだよ、私たち一般人にはわからないけどね」だけではそれ以上調べることができず、これでは肯定することはできませんし、かといって絶対に違うと否定することもできません。

「なぜ」を調べることができず、モヤモヤした結論で終わってしまうのは、ロジカルな考え方とは言えません。

このように、それ以上「なぜ」や「どういうことか」を調べることができず、ブラックボックスに入れて終わらせてしまうのが、残念な考え方15「思考を止めてしまう」です。

もちろんその当人にとっては思考を止めたつもりはないのでしょう。

しかし思考をそこから先に広げたり、他の意見とつなげたりすることができない思考は、悪気がないとしても「この人はそれ以上考えるのをやめてしまった」と思われても仕方ありません。

「なぜ?・」に答えられない質問は、思考を止めて放棄したも同然にみなされてしまいます。

② 質問の「なぜ」を否定や非難に変換しない

それは物事をなるべく考えずに済むほうが「ラク」だからです。

当人にそのつもりはなくても、思考を止めてしまいがちなのはなぜでしょうか。

残念な考え方3「誤った原因に飛びついてしまう」でも述べたように、人は物事に対してその原因をはっきりさせたい欲求があります。

「なるほど、これが原因だ」とスッキリしたいのです。

難しいことは考えずにさっさとはっきりさせたい、それが脳の基本姿勢です。

だから本当かどうか疑わしい「流行の仕掛け人がいる」とする意見も、脳は「もうこれ以上考えてもわからないからそういうことにしちゃおうよ」と省エネしたがってしまうのです。

そのため、「なぜ」を考えることを省エネしすぎた結果、**理由や原因を突き止めるために「なぜ」と質問されると、それを「非難」や「否定」だととらえてしまう傾向があ**

なたにはないでしょうか。

私は以前、業務改善の研修を行ったとき、最前列の受講者に「なぜ業務改善が大事だと思いますか？」と聞いてみました。

受講者と私は「業務を……より良くすることは大事なので……」「なぜより良くすることが大事なのですか？」「それは……仕事だから……」などとやり取りしました。

するとその受講者は終了後、アンケートで感想に「責められたように感じた」と書いていました。

私は表情や言い方など、決して責めた言い方をしないように努め、あくまでも「これは単なる質問ですよ」と誠意を持って聞いたつもりでした。

それでも人は続けざまに「なぜ」と聞かれると責められているように感じるんだな、と反省しました。

このように純粋に質問の「なぜ」でも、非難や否定、簡単に言えば怒られていると感じてしまう経験はあなた自身もあるのではないでしょうか。

それは「なぜ」と聞く側にも問題があります。

小さい頃、教師や保護者に「なぜこんなことをしたの！」と言われたことはありませんか。

それはこういう理由で……と説明したら「言い訳するな！」と怒られたはずです。

「なぜ」を本来の原因の追求ではなく、非難や否定、注意の意味で使うことが日常では多いのではないでしょうか。その結果、「なぜ」を言う側も言われる側も、本来の原因追求ではなく責める意図で使う言葉であると認識してしまい、「なぜ」と言われるだけで責められていると感じてしまうのです。

③健全な「なぜ」で議論を活性化する

そのためあなたが「なぜ」と質問すべき側になったときも、「安易になぜと言うと非難していると受け取られる」と考え、相手に「なぜ」と深堀りすることを遠慮してしまうクセがついてしまっていないでしょうか。

「なぜですか、理由を聞かせてください」と言うことは「あなたの意見には根拠がないですよね、それを私が暴きます」と同じ意味だ、ととらえてしまうのです。

これは質問をする側にとってもされる側にとってももったいないことです。

正しい「なぜ」はどんどん使っていきましょう。

非難だと勘違いされることを恐れ、「なぜ」を使わないでいると、どんどん思考はブラックボックスに入っていき、「よくわからないけどそうなんだろう、まあいいや」で終わらせてしまう習慣が身についてしまいます。

健全な「なぜ」は議論を活性化させるので有効に使うべきです。

私たちは無意識に言葉の裏の意味を拡大解釈してしまいがちです。

もちろん相手の真の意図を推し量ったり、言いたくても言えない言葉を配慮してあげたり、そういった相手の言葉にならない心情への心遣いは大事です。

しかし時としてそれが「言っていないし思ってもいないことへの決めつけ」になっていないでしょうか。

「発言Aは本当はBの意味だ」と自分に都合のいいように意味をずらしたり、拡大解釈したりしないよう気をつけましょう。

直木さんは競合の通販化粧品の伸びについて「通販業界のコンサルタントを入れたのでは」と答えました。

ところがそれに明確な根拠はなく、「そういう人がいるのでは」とあいまいな回答です。

さらに論田部長から「どうしてコンサルタントをつけたと思ったのか」と問われたことを叱責だと受け止めてしまい、「逆ギレ」しています。これではロジカルではありません。

「考えたが、結果として間違っていた」これは間違いではあっても完全な失敗ではありません。

なぜなら少なくとも何が間違いであるかがわかり、次に考える際の参考になるからです。

しかし「タピオカミルクティーが流行ったのは仕掛け人がいたからだろう」「通販が売れたのは影でコンサルがいたからだろう」の発想は、正しいか間違いかを判断することすらできません。

思考を止めずに広げることがロジカル思考には大切です。

A

直木さんのロジカルな解答例

直木

以前、我が社がマーケティングのコンサルタントに指導してもらったら社員のマーケティング能力が向上したことがありましたし、海外進出の際は、輸出コンサルタントに業務を依頼したことがありました。競合の通販化粧品が伸びた理由もそこから類推し、通販コンサルタントを導入したのではと考えました。

「残念な考え方」チェックシート

- [ ] 原因と結果の関係を正しく理解できているか？
  → P48「残念な考え方1　反対向きにつなげてしまう」を確認
- [ ] 良い面だけでなく、悪い面も想定しているか？
  → P63「残念な考え方2　良い結果だけ期待してしまう」を確認
- [ ] 幅広く原因を分析できているか？
  → P75「残念な考え方3　誤った原因に飛びついてしまう」を確認
- [ ] 願望や思い込みが先行していないか？
  → P91「残念な考え方4　弱い原因を唯一と決めつけてしまう」を確認
- [ ] 行動自体が目的になっていないか？
  → P105「残念な考え方5　目的につながらない行動をとってしまう」を確認
- [ ] 意図が正確に伝わらない
  あいまいな言葉を使っていないか？
  → P122「残念な考え方6　抽象的な言葉を使ってしまう」を確認
- [ ] 「気をつける」「注意する」などで
  対処した気になっていないか？
  → P135「残念な考え方7　意識の問題にしてしまう」を確認

- [ ] 自分の経験が絶対だと思い込んでいないか？
  → P148「残念な考え方８　わずかな経験を重視しすぎてしまう」を確認
- [ ] 過去の事例や多数派の意見を安易に採用していないか？
  → P162「残念な考え方９　一般論や多数派に流されてしまう」を確認
- [ ] 願望がいつのまにか確信にすり替わっていないか？
  → P174「残念な考え方10　現実と願望を混同してしまう」を確認
- [ ] 選択肢を網羅し、わかりやすく整理しているか？
  → P188「残念な考え方11　思考に抜け漏れや重複が発生してしまう」を確認
- [ ] 見たいデータや想像と一致するデータを集めていないか？
  → P201「残念な考え方12　一部のデータだけ見てしまう」を確認
- [ ] 提案や決定をする際、比較対象があるか？
  → P216「残念な考え方13　比較対象が無く単独でみてしまう」を確認
- [ ] 全ての意見を盛り込もうとしていないか？
  → P229「残念な考え方14　合計や平均が正しいと思い込んでしまう」を確認
- [ ] 正確性や妥当性を検討できる結論になっているか
  → P241「残念な考え方15　思考を止めてしまう」を確認

終章

ロジカル思考をどう生かすか

一つずつ実践しよう！

15の「残念な考え方」、いかがでしたでしょうか。

「はじめに」でもお話ししたように、結論が間違っているからといって、それがすなわち残念な考え方である、とは限りません。検討材料を揃え、万全に分析しても、間違ったりうまくいかなかったりすることはあります。

途中で予期せぬ出来事が起こったり、状況が変化したりすることもあり、それらを完全に予測することは不可能です。

挑戦したうえでの失敗と残念な考え方はまったく別です。失敗を恐れて何も挑戦しなくなる、すなわち思考を放棄してしまうことは、ある意味で残念な考え方をするよりも好ましくない「残念な姿勢」です。

「残念な考え方」にならないために必要なのは、表面的な理解で結論を出すのではなく、さらにもう一段階「本当にそうか？」と考えることです。

その際に考えるポイントがこれまで紹介した15パターンであり、端的にまとめると「つながっているか？」「深いか？」「広いか？」です。

これらをチェックし、検討してから結論を出すことにより、残念な考え方になってしまうことを避けられます。

チェックすべき15パターンは、私たちが日常でついやってしまいがちな思考の傾向を網羅しています。「自分の思考はこの中に当てはまっていないか？」「あの人の意見、なんとなくスッキリしないんだけど、もしかしたらこの15パターンのどれかにあてはまっているかも？」などとチェックすることで、「残念な考え方」に気づくことができます。

「残念な考え方」を卒業するために効果的なのは、特に自分がやってしまいがちな1～2項目、多くて3項目程度に着目し、何か考えるとき、あるいは一日を振り返るときなどに、できていたかどうかを確かめることです。

15パターンを一気に理解しようとせず、細かく分けて習得することがポイントです。

それを繰り返せば、最終的にはこの15項目の存在すら忘れ、逐一チェックをしなくても、いつの間にか残念な考え方を卒業していることでしょう。

いきなり完璧に使いこなそうとしたり、ちょっと残念な考え方をしてしまっただけで過度に落ち込んだりしてしまうと、いつまで経っても残念な考え方を卒業することはできません。

自転車に乗れる人は、自分がどのように自転車に乗っているかを深く考えません。いちいち「視線はここに向けよう」「ペダルはこれくらいの力で踏もう」などと、身体の動きを確認しなくても自転車を乗りこなします。

残念な考え方もそれと同様で、「残念な考え方にならないようにしよう！」などと意識しなくてもいつの間にかしなくなっている、それが理想です。

しかし自転車に乗れるように練習を始めた頃は、そうではなかったはずです。「つい下を向いてしまうけど前を見たほうが安定する」「ペダルはこの位置からこれくらいの力で踏むと勢いがつく」などと、一つ一つ試行錯誤して上達していったのではないでしょうか。

自転車に乗る人をじっと見るだけで自転車に乗れるようになった、なんて人はおそらくいません。「残念な考え方」も同様です。本書を一読し、いきなりすべてを使いこなそうとはせず、まずは一つ一つ実践しましょう。

たとえば今度の企画書では抽象的な言葉を使わず具体的な言葉に書き換えよう、報告書では他社との比較を必ず盛り込もう……と積み重ねることがあなたの力となっていきます。

ロジカル思考をどう使うか

本書の「残念な考え方」は、ビジネススキルのテーマとしては「ロジカルシンキング」に分類されます。ロジカルシンキングそれ自体は古くて新しいビジネススキルです。

特に近年は、ロジカルシンキングをテーマにした書籍や研修が増加していることを実感します。

書籍でも「ロジカル」をタイトルに付けたものは多く、いわゆるビジネススキル以外にも「ロジカル家事」「ロジカル調理」「ロジカルパッティング（ゴルフ）」「ロジカルトレーダー（株取引）」などがタイトルに付けられた本が店頭に並んでいます。

それくらいロジカルという言葉が身近になり、多くの人が重要性を感じていると言えるでしょう。

とはいえ、ロジカルであることはそれ自体がゴール＝目的ではありません。残念な考え方を卒業してロジカルな思考を身につけたとしても、周囲から「あいつはすぐに『それは残念な考え方だ』とか言い出す、鼻持ちならない」なんて思われたら、逆効果になってしまいます。残念な考え方５「目的につながらない行動をとってしまう」にもあったように、目的、すなわち「何のために」ロジカルであるかが重要です。

本書を手にとった読者の多くは、自分自身の仕事に役立てるためにロジカルな思考を学ぼうとしているのではないでしょうか。あるいはマンションの管理組合など多数の人を束ねる上でロジカルさは必要だから、町内会報を書く上でロジカルな文章の書き方を学びたいから、といった理由で本書を読んでいる人もいるかもしれません。

ロジカルである、それ自体はもちろん望ましいことです。しかし、必ず自分の課題解決に役立つはずだと思っていても、目的によっては「あれ？　確かに残念な考え方は卒業してロジカルな思考を身につけたけれど、特にプラスの効果は感じないな」と肩透かしをくらったように感じることもあるかもしれません。

ロジカル思考は重要ですが、それだけであなたの全てを格上げする万能の薬ではありません。本書を通じてロジカル思考を身につけたあなたが、今後はロジカル思考をどのように生かすか、その使い方を戦略的に考えることが大切です。

次ページ以降では残念な考え方を脱した「その後」のロジカル思考の生かし方をご紹介します。

ロジカル思考の生かし方

その1

コミュニケーション

～暗黙の了解を脱しどんな人とも通じあえる

言うまでもなく、グローバル化の進展によって、日本国内で日本育ちの日本人だけを相手にする仕事は非常に少なくなりました。「いや、私の仕事は日本人を相手にしたビジネスだよ」と思っている人も、扱っている製品や関わっている人など、ほぼ必ずどこかで外国とつながりがあるはずです。

今は日本を対象にビジネスを行っている企業も、否応なしに海外に進出する必要がこの先あるかもしれません。

日本だったら「暗黙の了解」で通じていたことが、外国で通じるとは限りません。

日本ではそれが常識だとか標準だとか考えた記憶すらないことが、外国では非常識であると扱われることもあります。

私はスペイン人と仕事をしていたとき、私が「（あなたたち）スペイン人は……」と言うと、「待ってください。私たちはスペイン人である前にカタルーニャ人です」と言われました。

カタルーニャ州はバルセロナを中心とした、スペインからの独立運動が盛んなほど自立の意識が高い地域です。スペインではカタルーニャに限らず、スペインとしてよりもその州や地域としての歴史が長いため、多くの人がスペイン人としてよりもカタルーニャ人やバスク人、アンダルシア人といった地域・民族としての自覚・誇りを持って暮らしています。

祝日も州によって異なるほどですし、言語もスペイン語以外にカタルーニャ語やバスク語など様々です。

あえてたとえるならば、もしもスペイン人が日本と中国や韓国などをひとくくりにして「東アジア人は……」とまとめたら、おそらくどの国の人も「ちょっと待って、あなたの中ではそれらは同じかもしれないが、日本と中国と韓国とでは全然違う」と思うことでしょう。

私の「スペイン人は……」とひとくくりにして扱う行為は、それと同じくらい乱暴なくくり方で、スペイン人にとっては「非常識」な行為になってしまうのです。
日本で日本人だけと接していてはわからない「常識」です。

では日本人同士であれば暗黙の了解が通用してコミュニケーションに問題はないのか、といえばもちろんそうではありません。年代や世代によって常識は異なりますし、もちろん個人によっても人それぞれで、誰にも共通の常識は存在しないくらいに思っていたほうがよいかもしれません。

50代以上の社員が「男性社員が育児休暇を取るなんて考えられない」「有給休暇は病気や冠婚葬祭にとっておくもの、自主的に取るなんてけしからん」と自分の「常識」を押し付けても、若手社員からは反発を受けるでしょう。

もちろんその反対に若い世代の「常識」が年配の人に通じない場合もあります。

私は外資系企業で働き外国人と仕事をした経験もありますが、それらと比較して一般に日本では「空気を読む」こと、そして相手の心を察知して先回りして行動することが強く要求されるように感じます。

特に自分が上司や先輩になると、部下や後輩に無意識にその暗黙の了解を求めてしまいがちです。

私は30歳前後の男性社員から「新人が本当に気が利かない。わざわざ言わないとわからない」と相談を受けたことがありました。

私は「新人だから何をすべきかわからないのは当然では？　きちんと指示していますか？」と答えると、彼は憮然として私の言っている意味すらわからない、といった様子でした。

新人だから空気を読んで先輩が何をしてほしいか察するのは当然のことにすぎず、それができない後輩に問題があるのであって、自分が指示や指導をする必要性なんて考えたこともない、そんな様子でした。

これは極端な例にせよ、「やり方は盗んで覚えるもの」「口頭やマニュアルで覚えたことは身につかない」、さらに本音を言えば「こっちも忙しいんだからいちいち教えてられない、自分でなんとかしろ」と思っている人は少なくないようです。

「手取り足取り教えたら相手のためにならない。自分で覚えないと」と言う人は、自分が指導をサボる口実を探しているのでは、と感じてしまいます。

本来ならばロジカルに伝えて教えることが必要なのに、それができない言い訳として「察することができない相手が悪い」と相手の問題にしたり、「常識でわかるだろ」「空気を読め」と自分の価値観を一方的に押し付けたりしていないでしょうか。

「常識」や「空気」は、それが前提として共有されているときにのみ有効に機能します。しかし仕事のやり方にせよ、個人の考え方にせよ、誰もが共有する常識などほぼないと思ったほうがよいでしょう。

そこで重要なのがロジカルな思考です。**ロジカルな意見であれば、相手の知識や世代、国籍などに影響を受けずに相手に理解してもらえます。**思考が多様化し、「常識」が人それぞれであるからこそ、共通の思考様式であるロジカルな考え方が必要になるのです。

ロジカル思考の生かし方 その2

変化への対応
～前例踏襲ではなく未来を自らの力で切り開く

高度経済成長期、またその時代を経験した人にとって、仕事についての知識や学習は上司など社内の上の立場の人から学ぶのが一般的でした。

現在と異なり、多様な情報を入手できるわけでもなく、デキるビジネスパーソンをロールモデルにしようとしても、社内くらいしか探すことはできません。

そこで社内の上の立場の人を見て、その人のやり方を真似をすることが業績アップや出世のために必要な行動でした。

他者・他社をよく見て、その成功は真似し、失敗は避ける。それが個人でも企業でも、そして国家単位でも、成功するために最適な行動でした。

しかし現在はどうでしょうか。通常の7年相当が1年で進むドッグイヤーという言葉がありましたが、今はそれすらも死語となりつつあるくらい、時代の変化は急速です。特にその変化が一定方向ではなく、非連続であることが将来の予測をより困難にしています。

今までは成功していたやり方を単に踏襲するだけでよかったのが、現在はそのように過去の延長をたどるだけでは変化に適応できなくなっているのです。

２００７年に発売されたある書籍を読むと「インターネットのアクセス数を増やすには、（Yahoo! のような）有力なポータルサイトに掲載されることが何よりも重要だ」とあります。もちろん現在もポータルサイトは重要ではあるものの、インターネットで注目を集めようとする場合、まずはソーシャルメディアからの発信を連想する人が現在ではほとんどではないでしょうか。

当時はFacebookやTwitterのようなソーシャルメディアはほとんど存在感がなかったのでやむを得ないとはいえ、これだけでも十数年前と現在とでは隔世の感があります（そしておそらく今から十数年後には「ソーシャルメディア？　Facebook？　そういえばあったね」、そんな世界になっているのでしょう）。

今の常識と思われることも、十数年後には時代遅れとなっている可能性が非常に高いことを現実として認識しなければなりません。

もちろん、当時の人が「これからポータルサイトの存在感は薄くなり、ソーシャルメディアが発展するのでは」と予測することは困難です。

ただし「本当にポータルサイトはこれからもずっと重要なのか？　それとは別の、もっと人々の話題の中心になるようなウェブサービスが出現するのでは？」と考えることは可能です。そのように立ち止まって自分でロジカルに考えることが今後はさらに必要になるでしょう。

「時代の変化が非連続で、過去の経験が役に立たない」代表例といえば、冒頭でも触れたコロナウィルスです。もちろんロジカルに思考したからといって、コロナウィルスを予測したり、完璧な予防法や治療法を確立したりすることができるわけではありません。しかしロジカルに考えることにより、「将来に起こりうる未知の伝染病を予測する」「伝染病の発生後、効果的な対策を検討する」ことなどは可能になるはずです。

ロジカルではない「残念な考え方」のために、コロナウィルスのデマに振り回された人もいました。コロナウィルスは非連続な変化の一例に過ぎず、これからも人類が経験したことのないような自然災害などが発生するかもしれません。

その際に「昔はこうしてうまくいったから」と過去の経験だけを頼りにするのでもなく、かといって「非連続だからどうせ考えてもムダ」と諦めるのでもなく、現状をロジカルに考えて適切な手を打つことが必要です。

ビジネスにおいても、高度成長期のように過去そして現在からの延長で未来がある程度想像できる世界では、ロジカルに考えなくても「今まではこうだったから、たぶんこれからもそうだよね」でも特に問題ありませんでした。

あれこれ考えず、上司から言われたことをやって上司の真似をすることが中長期でも最適解でした。しかし現在はそうではありません。何が起こり、どう変化するかわからない環境では「今まで通り」は存在しません。

単なる過去の延長ではなく、冷静に現状の事実を見極めた上でのロジカルな考察が重要となります。

ロジカル思考の生かし方 その3

周囲を巻き込む

～独断で突っ走るよりも同意や共感を得て成果を出す

海外でホテルに泊まると、２０００年代くらいからは、客室にＬＧなどの日本以外のメーカーのテレビが置かれていることが増えました。

当時は日本製は値段が高いからだろうな、などと思っていましたが、いまや日本以外では日本企業製のテレビを見ることはほとんどありません。日本国内ですら、LGやハイセンスなど、外国メーカーの製品が目立ちます。しかもそれらは安かろう悪かろうではなく、コストパフォーマンスで日本メーカーを上回るほどです。

テレビはあくまでも一例に過ぎませんが、日本企業の世界における存在感が下落していることは否定できません。「単純で低コストな製品は新興国にまかせて、日本は高品質な製品で勝負」などと言われていいたのははるか昔のこと。

低コストで単純な製品だけではなく、AIやビッグデータ、顔認識などの技術を始め、最先端の機能を搭載したハイエンド製品でも、中国を初めとした他国の後塵を拝しているのが現状と言わざるを得ません。

実際に業績で比較すると、スマートフォンなどを製造する中国・ファーウェイの営業利益は2019年度で約1・2兆円、韓国・サムスン電子の営業利益は2019年12月決算で約2・6兆円です。それに対してパナソニックの2019年度営業利益は約3千億円で、大きく差がついていることがわかります。

日本企業がイノベーションを起こせなくなった理由の一つに「自主的な研究の減少」があると言われています。企業の研究開発部では、昔は会社の規定の研究だけでなく、自主的に自由なテーマで研究を行う時間的・予算的な余裕がありました。

会社に指示されたわけではなく、自分が興味を持ったテーマについて「ヤミ」で研究をしていたのです。そのような**「ヤミ」の研究から、さまざまな革新的な技術や製品が生まれたと言われています。**


ソニー・インタラクティブエンタテインメントのプレイステーション（プレステ）もそのひとつです。プレステは、２０１９年12月時点の歴代通算で約４億５０００万台を売り上げ、「史上最も売れたゲーム機ブランド」とギネス記録に認定されました（ちなみに任天堂の据え置きゲーム機、ファミコンからニンテンドースイッチまでを合計しても同時点で４億台未満なのでそれを越えています）。

そのプレステの生みの親である久夛良木健氏は、事業を開始した当初はソニー本社は大反対で、「最初は〝机の下〟でやっていた」と述べています。

プレステでさえ、当初は後ろ指を指されながらの船出だったのです。

しかし現在はそのような「ヤミ」の事業や研究を自主的に行う余裕はまずありません。研究開発部門であっても目標管理制度などの名のもとに目標を設定され、それを忠実にクリアすることが要求されます。

コンプライアンスの規定も厳しくなり、予算を本来の目的以外の機器の購入などにこっそり使うこともできません。また「働き方改革」の名のもと、秘密裏に残業して好きな研究をすることもままなりません。

中には終業時刻に電源が落とされ、研究機器を使うことを制限されることもあるそうです。これでは自由闊達なイノベーションが生まれることは難しいでしょう。

一昔前でしたら、部下が思いつきレベルで根拠の薄い提案をしてきても、上司は「思い切って挑戦してこい！　責任は私が取るから！」と背中を叩くことができたかもしれません。

その提案の中には、実際には「残念な考え方」であっても、「数撃ちゃ当たる」でたまたま成功したものもあったかもしれません。しかし昨今はそのような独断で決定できる機会は減少し、ステークホルダー＝関係者の同意や納得、共感を得ることが欠かせなくなりました。

そこにはソーシャルメディアやYouTubeなど、良くも悪くも情報発信が一瞬で広がってしまうこととも関係があるのではないでしょうか。

某アパレルブランドが、アジア系の女性がピザを箸で突き刺して食べる動画を上海でのショー向けに制作し、公開しました。すると、人種差別的だと抗議が殺到し、中国でのそのブランドの流通が実質引き上げられる「炎上事件」がありました。

商品やサービスが素晴らしくても、環境問題や人種問題、性差別の問題など、思わぬところで批判が殺到する可能性があるのが現在のビジネス環境です。

こういったコンプライアンスを始めとする各種の問題に配慮するには、多様な関係者の多様な視点を得る必要があります。潜在的なリスクを予測して回避することができなければ、ゴーサインは出されません。

「制約に縛られることなく、失敗を恐れずにリスクを取ろう！」と私も言いたいのはやまやまですが、是非は別として、現在の経済環境下や世界的な競争にさらされる状況では、「ひとりの突破力」よりも「関係者の納得」を重視する傾向は、大企業であるほどやむを得ない面もあるでしょう。

「確実に成果を残す」ことが要求される環境では、ロジカルな思考はとても有効です。

ロジカルな思考は飛躍のある画期的な発想を保証するものではありませんが、確実性や堅実性の点では非常に重用される思考法です。

「ツッコミどころはないか？」「つながりは正しいか？　もっと深く、広く考えられるのでは？」とクリアにしていくことで、「論理の飛躍がある」「発想に抜け漏れがある」などの落ち度を事前に防ぐことができます。

ロジカルな思考は、現状をもとにそこから設定されたゴールを確実に達成するうえで欠かせません。特に人を巻き込み、同意や共感を得ることが欠かせない現在のような環境下だからこそ、ロジカルな思考は必要性を増しているのです。

本書で「残念な考え方」を卒業し、ロジカル思考を身につけたあなたは、次はそのロジカル思考を特に「コミュニケーション」「変化への対応」「周囲を巻き込む」にぜひ生かしてください。

もちろんこれらはあくまでも一例であり、意外な場面で役立つことや、予想もしなかった場面で評価されることもあるでしょう。

未来は誰にもわかりませんが、「ロジカルに考える力」は時代や国境を超えて必ず普遍的に役立ちます。ロジカルであることは決して頭でっかちになることではありません。

未知の課題や困難な壁にぶつかったときでも、あなたは超えられるはずだと「笑って」腕まくりしたくなる、そんなスキルです。ぜひ本書で残念な考え方を脱し、ロジカルな思考へと新たな一歩を踏み出してください。

あとがき

新型コロナウィルスによる緊急事態宣言が発動された２０２０年５月。私は休校で家にいた息子と一緒に、ぼんやりとＷＥＢ配信の動画を見ていました。

当時の私は企業研修の講師を主な業務としており、広島から東京や北海道、九州など全国に出張することもありました。春になってコロナウィルスによる感染が拡大すると、ありとあらゆる人が集まる行事が制限され、予定されていた研修もキャンセルが相次ぎました。企業研修はその後、同年の夏・秋から徐々に再開され、受講生同士の間隔を空ける、アクリル板で仕切る、オンラインも併用するなど対策を取りながら行うようになりました。しかし春先の時点では、適切な対策も今後の動向もまったく未知数であり、研修の取りやめによりただひたすら家にいることを余儀なくされました。

私は一気に仕事が減少し、まったく先が見通せない状況になりました。教材の作成や本書の執筆などの他の業務もあったため、いきなり仕事がゼロになったわけではないものの、これからどうするべきだろうか？　ダメージが少ないうちに廃業すべきだろうか？　などと考え出すくらい、憂鬱になっていました。表面的には「今はいいインプットの時間」「オンライン研修を強化するチャンス」などと強がっていましたが、将来が見通せないまま終わりの見えない戦いが続いていく辛さは耐え難いものでした。当時、同じように考えていた人、また現在でも同じような状況にある人もいらっしゃるのではないでしょうか。

特に辛いのは会社経営や生活のことよりも「自分が社会から必要とされていない」と感じたことでした。自分が世の中にいてもいなくてもいい、誰も何も困らないと言われているような気がして、精神面でかなり参っていました。テレビのニュースで会社員がインタビューされ、「急遽リモートワークになったけど家では仕事ができない」と答えているのを聞いて「仕事があるだけいいじゃないか」と悪態をつきたくなるくらい、気持ちが荒んでいました。

そんな気持ちを隠しつつ、休校中の息子と平日午前に子供向けの配信番組を見ていると、道徳をテーマとしたミニドラマを放送していました。ドラマの主人公は小学生の女の子で、その子のお母さんは中国人です。ママの作るギョウザはおいしい、だけどよその家とちょっと違うところに葛藤……というストーリーで、後半では主人公の母方のおじいちゃんが中国から遊びに来ることになりました。おじいちゃんは二胡という楽器の演奏が得意で、主人公の学校で演奏することになります。おじいちゃんは演奏の前にこんなことを言いました。

「中国のことわざを紹介します。『車到山前必有路』、これは大きな山があってもう進めないと思っても道は必ずある、という意味です。道は必ず開けるのです」

これを聞いて、私の心もぱっと開けるような気がしました。「道は必ずある」当時苦しんでいた私も、うん、そうだよな、道は必ずあるよな、と納得してしまいました。心のモヤモヤや「この先どうなるんだろう……」という不安な気持ちが、その一言でやわらいでいくのを感じました。固まっていた心がほぐれ、ふと涙が流れそうになり、息子に悟られないように顔を隠しました。

この「大きな山でも道は必ずある」、この言葉はロジカルでしょうか？　まったくロジカルではありません。「どうして道があると言えるのか？　その根拠は？」とツッコミどころが満載です。ロジカルとは正反対の言葉です。

でも、当時の私の心にはスッと入り込んできました。このことわざを私なりに解釈すると「大きな山でも道がないと思ったら、そこから先には進めない。しかし道があるはずだと探し続ければその行動が転機になって解決法が見つかる」ではないでしょうか。そのときの私は大きい山にただただ圧倒され、マイナスの思考ばかり繰り返している状態でした。大昔に恐竜が絶滅したように、この病気で人類が絶滅するのかもとさえ考え、悲嘆にくれていました。

そんな私を救ったのは、ロジカルで完璧な理論ではなく、ロジカルではない中国のことわざでした。もちろん、だからといって「ロジカルは意味がありません」「心に響きません」と言いたいのではありません。ここまで15の「残念な考え方」を紹介してきましたが、ここで最後にもう一つ、16個目の残念な考え方を紹介します。それは……

ロジカルに考えられない・考えてはいけないことをロジカルに解こうとする

別の言い方で表すと「大切なのは、ロジカルに考えるべきこととそうでないことを区別する」です。ロジカルに考えることはもちろん大切です。しかし世の中には「ロジカルに考えられること・考えるべきこと」と「ロジカルに考えられないこと・考えてはいけないこと」があるのも事実です。

ひざをすりむいて泣いている子がいたら、真っ先にするべきは原因や解決法をロジカルに考えることではなく、飛んでいって痛くない？　大丈夫？　と声をかけることでしょう。身内やペットを亡くして沈んでいる人がいたら、どうすれば元気になるかをロジカルに考えるよりも、駆け寄って黙って寄り添うほうが相手の力になるはずです。

ロジカルであることと、気持ちや情緒を重視することは、決して相反する概念ではありません。本書で残念な考え方を学んだあなたが次に学ぶべきは、それを「どう使うか」です。ロジカルさは、他者を論破したり間違いを指摘したりするためのものではありません。自分と周囲を幸せにするための考え方です。そして、ドラマのおじいさんのように、時には非ロジカルな言葉の方が他者に寄り添って励みになることもあります。

現在の社会の状況は変化も激しく、まだまだ予断を許しません。未来についてもこれまで以上に予測が困難になり、誰もが不安や心配を抱えています。そんなときに重要なのは事実と事実でないことを切り分け、時にはロジカルに考え、そして時にはロジカルさを捨て、無理をせず立ち止まって一息つくことだと思います。

あなたは「残念な考え方」を卒業しました。ロジカルに変わった考え方が、あなた自身と周囲を幸せにしていくことを願っています。

本書は私のこれまでの研修やコンサルティングの経験をベースに誕生しました。私自身、教える立場ではあるものの、教えられることの方が多かったように思います。本書の中では匿名にしたり、事例を微妙に変えたりもしていますが、私がこれまで関わったすべての方のおかげで本書は生まれたと思っています。

編集をしてくださった株式会社自由国民社の三田智朗様、そして様々な方のおかげで本書を刊行することができました。改めてお礼を申し上げます。そして困難な時期に私を支えてくれた妻、公園で一緒に遊んで運動不足解消を手伝ってくれた息子に感謝します。みんなの力で本書を書き上げることができました。どうもありがとう。

参考書籍

・「クリティカルシンキング　入門篇：あなたの思考をガイドする40の原則」
E.B.ゼックミスタ、 J.E.ジョンソン著　北大路書房

・「クリティカルシンキング　実践篇：あなたの思考をガイドするプラス50の原則」
E.B.ゼックミスタ、 J.E.ジョンソン著　北大路書房

・「ファスト＆スロー（上）あなたの意思はどのように決まるか？」
ダニエル・カーネマン著　早川書房

・「ファスト＆スロー（下）あなたの意思はどのように決まるか？」
ダニエル・カーネマン著　早川書房

・「三色ボールペンで読む日本語」斎藤孝著　角川書店

・「なぜ、間違えたのか？」ロルフ・ドベリ著　サンマーク出版

・「３分でわかるラテラル・シンキングの基本」山下貴史　日本実業出版社

・「マッキンゼー流　入社１年目問題解決の教科書」
大嶋祥誉著　ソフトバンククリエイティブ

・「実践型クリティカルシンキング」
佐々木裕子著　ディスカヴァー・トゥエンティワン

・「ワンランク上の問題解決の技術《実践編》視点を変える「ファンクショナル・アプローチ」のすすめ」横田尚哉著　ディスカヴァー・トゥエンティワン

・「論理的な考え方が身につく本－問題解決力がアップする35の思考スキル」
西村克己著　PHP研究所

・「2019年のビッグマック」指南役著　ダイヤモンド社

・「心理マーケティングの基本」梅津順江著　日本実業出版社

■プロフィール

幸本 陽平（こうもと・ようへい）

㈱東風社 代表取締役、中小企業診断士

新潟県生まれ。一橋大学卒。大学卒業後、日本ロレアル㈱入社。高級化粧品ブランドのメンバーシッププログラムの運営や業界初と言われるオンラインショッピング導入など、マーケティングを担当。日系化粧品会社に転職後は、経営企画や新規ブランド開発、海外進出や海外ブランドの日本導入などに携わる。

2010年、幸本陽平事務所（現・東風社）を広島に設立。「今ある人・技術・商品などの資源で」「支援終了後も継続できる仕組みを作る」をモットーに、マーケティングや営業、組織運営などのコンサルティングを提供している。クライアントは一部上場企業から地場の中小企業まで幅広い。研修・セミナー講師として、ロジカルシンキングやプレゼンテーションなどの講座も担当している。

著書に、「今ある在庫がみるみる売れる12の方法」（自由国民社、2015年）、「『あっ、欲しい！』のつくり方」（日本経済新聞出版社、2015年）、「実践 トライアングル式問題解決法」（日本経済新聞出版社、2019年）。

脱！残念な考え方

2021年4月27日　初版第1刷発行

著　　　者　幸本　陽平

企画協力　高橋　恵治（企画のたまご屋さん）
カ　バ　ー　小口　翔平＋加瀬　梓（tobufune）
本文デザイン＆DTP　有限会社中央制作社

発　行　者　石井　悟
発　行　所　株式会社自由国民社
〒171-0033　東京都豊島区高田3丁目10番11号
電話　03-6233-0781（代表）
https://www.jiyu.co.jp/

印　刷　所　大日本印刷株式会社
製　本　所　新風製本株式会社
営業担当　井越　慧美
編集担当　三田　智朗